GCSE Bitesize revision BBC

Cymraeg
Ail Iaith

Welsh
Second Language

Non ap Emlyn

First Impression – 2005
Second Impression – 2005
Third Impression – 2006
Fourth Impression – 2007

GCSE Bitesize: BBC Worldwide Ltd. (Children's Learning)

ISBN 978 1 84323 405 0

Comisiynwyd â chymorth ariannol Awdurdod Cymwysterau, Cwricwlwm ac Asesu Cymru
Cyhoeddwyd dan nawdd Cynllun Cyhoeddiadau Cyd-bwyllgor Addysg Cymru

Argraffwyd yng Nghymru gan
Wasg Gomer, Llandysul, Ceredigion SA44 4JL

 Gomer BBC

Contents

Wales.com

Exam questions and model answers

Exam instructions

Topic checker

Complete the grammar

Answers

Last-minute learner

Acknowledgements

The publishers wish to thank the following for permission to include the following copyright material:
Harriette Lanzer, Corinna Schicker and BBC Worldwide Ltd. (Children's Learning) for permission to
reproduce introductory sections from the *BBC GCSE Bitesize revision* books for French and German to
conform to the *BBC GCSE Bitesize revision* series style, and to adopt and adapt limited additional copy
and activities. BBC Cymru 48 (photos), 88 (logo); Kathy Gittins 78 (top); *Golwg* 82 (text), 89 (*Lingo
Newydd*); Mark Johnson (photos) 21; National Assembly for Wales 81 (bottom); S4C 88 (top); Urdd
Gobaith Cymru 18 (photo), 39 (photos), 50 (text), 54 (text), 79 (text), 84 (logo and background photo), 85
(photos), 86 (text), 87 (text), 89 (*iaw!*); Wales Tourist Board (photos) 72, 74, 80, 83, 96; Western Mail
(photos) 76, 78 (bottom), 81 (top), 90; Janie Watkins 77 (bottom).

Original line drawings by Stephen Daniels: 13 (top and bottom), 14, 18 (right), 22, 31, 40 (bottom), 44, 50,
58, 60 (bottom), 62, 63, 65 (bottom), 67, 91, 98 (q. 1).

Introduction

Using this book to revise

About Bitesize

GCSE Bitesize is a revision service designed to help you achieve success at GCSE. There are books, television programmes and a website, each of which provides a separate resource designed to help you get the best results.

TV programmes are available on video through your school or you can find out transmission times by calling 029 2032 2838.

The website can be found at bbc.co.uk/tgau

About this book

This book is your all-in-one revision companion for GCSE.
It gives you the three things you need for successful revision:

1 **Every topic clearly organised and explained in four main chapters:** The Square Mile, Leisure, Image, Wales.com.

2 **The key vocabulary and grammar pulled out for quick and easy revision reference:** both in the four main chapters and in the extra sections at the end of the book.

3 **All the practice you need:** in the 'check' questions in the margins, in the practice questions at the end of each topic area, and in the exam practice section at the end of this book.

Each chapter is organised in the same way:

■ **Key vocabulary and phrases** broken down into smaller topic areas, with suggestions for learning the vocabulary and activities to practise it

■ **The Bare Bones** – a summary of the main points – a good way to check what you know

■ **Key ideas** highlighted throughout

■ **Check questions** in the margin – have you understood this bit?

About this book *continued*

- **Grammar boxes** highlighting the key grammar you need to know

- **Remember tips** in the margin – extra advice on this section of the topic

- **Practice questions** at the end of each topic to check your understanding

The extra sections at the back of this book will help you check your progress and be confident that you know your stuff:

- **Listening** – a chapter of listening activities which you can do if you have a copy of the Bitesize Welsh video (see facing page for details of how to get it)

- **Exam questions and model answers** – example exam questions for Listening, Speaking, Reading and Writing – with model answers to help you get full marks.

- **Topic checker** – quick-fire questions on all your topics. See how many you can answer after you've revised a chapter and then check the answers back in the book.

- **Complete the grammar** – another resource for you to use as you revise: fill in the gaps to complete the key grammar.

- **Answers** – check all your answers to the activities in the book.

- **Last-minute learner** – a mini-book that you can cut out containing all the most important vocabulary and phrases in just six pages.

Planning your revision

You have been following either the full course or the short course. If you have been following the full course, you need to use every part of this book to help you with your revision. If you have been following the short course, you need only study Chapters 1 and 2 (The Square Mile and Leisure) and the additional sections at the end of the book.

You will be entered for examination at one of two levels: Foundation Tier or Higher Tier. The ⓗ symbol in this book indicates the information and questions that only need to be covered by Higher Tier entrants. Check with your teacher which level you will be expected to do and also which topics are included in your syllabus.

You will be entered for a Listening, Speaking, Reading and Writing exam. Your revision needs to be planned in advance – it's no good leaving it all to the week before the exam, so it's a good idea to write an action plan for yourself first of all. Once you've drawn up your revision timetable, you can start your actual work. When you revise, make sure that:

- you've got a quiet place to work

- you've got everything you need in the room – books, pens, paper, the video

- you don't get distracted by computer games, the TV, radio, magazines ...

- you don't revise for too long without a break – set a time limit for yourself to make sure that you keep fresh and motivated

On the day

Make sure that you know the exact day, time and place for each of your Welsh exams. Get to the exam room in good time and make sure that you've got a pen and a pencil with you. On your way to the exam, go through a few key points in Welsh – for instance, you could count to 50, say a few things about yourself or listen to a Welsh cassette. Why not arrange to meet a friend who is also sitting the same exam and talk to him or her for a few minutes in Welsh – it will certainly help you to 'tune in'. Nobody expects you to know everything on the day of your exam, but see if you can manage to do the following:

- say two or three sentences about yourself in Welsh

- count up to fifty

- say some key dates and times

- say some important key phrases, e.g. express an opinion and give a reason, say what you did last weekend

The Welsh exam

Here are a few suggestions to help you in the exam:

- When you get into the exam, **don't panic**. Have a quick look through the **whole paper** to see what you have to do.

- Don't spend too long on one section and not have time to finish all the sections.

- If something seems too difficult, leave it and continue with other questions – you can always come back to it later.

- **Don't leave gaps**. You cannot gain any marks if you don't give an answer. It's better to guess than leave a gap!

- **Read carefully** what you have to do in each question, e.g. the oral exam requires candidates on the Foundation Tier to discuss certain pictures, to give an opinion and to talk about something in the past. If you fail to do one of these, you will lose marks.

- Remember that the exam gives you an opportunity to show the examiner what you know, what you understand and what you can do – so try and do just that!

GOOD LUCK!

Me and my world – vocabulary

A Personal details

Remember
You can use either Rydw i or Dw i.

Beth ydy dy enw di?/Beth ydy'ch enw chi?	What's your name?
Jane Smith ydw i.	I'm Jane Smith.
Jane Smith ydy fy enw i	My name is Jane Smith.
Ble (r)wyt ti'n byw?/Ble (r)ydych chi'n byw?	Where do you live?
Rydw i'n byw yn ...	I live in ...
Faint ydy dy oed di?/Faint ydy'ch oed chi?	How old are you?
Rydw i'n un deg chwech oed.	I'm sixteen.

B Important dates

Q Cover the Welsh words. Do you know the months of the year in Welsh?

Ionawr	January	Mai	May	Medi	September
Chwefror	February	Mehefin	June	Hydref	October
Mawrth	March	Gorffennaf	July	Tachwedd	November
Ebrill	April	Awst	August	Rhagfyr	December

un	1	un deg un/un ar ddeg	11	dau ddeg un	21
dau	2	un deg dau/deuddeg	12	dau ddeg dau	22
tri	3	un deg tri	13	dau ddeg tri	23
pedwar	4	un deg pedwar	14	dau ddeg pedwar	24
pump	5	un deg pump/pymtheg	15	dau ddeg pump	25
chwech	6	un deg chwech	16	dau ddeg chwech	26
saith	7	un deg saith	17	dau ddeg saith	27
wyth	8	un deg wyth	18	dau ddeg wyth	28
naw	9	un deg naw	19	dau ddeg naw	29
deg	10	dau ddeg/ugain	20	tri deg	30
				tri deg un	31

Remember
Make sure that you know how to say the date in Welsh and bring it into your work wherever you can.

cyntaf	first	chweched	sixth
ail	second	seithfed	seventh
trydydd	third	wythfed	eighth
pedwerydd	fourth	nawfed	ninth
pumed	fifth	degfed	tenth

Ionawr un	January the first	Ionawr y cyntaf
Gorffennaf pump	July the fifth	Gorffennaf y pumed
Awst deg	August the tenth	Awst y degfed

All the vocabulary sections contain a variety of expressions. Underline or highlight the ones that are most relevant to you and learn those.

The Square Mile

c Celebrations

Q When is your birthday?

Rydw i'n cael fy mhen-blwydd ar (Ionawr 24).	I have my birthday on (January 24).
Dros y Nadolig rydyn ni'n ...	Over Christmas we ...
mynd i'r eglwys/capel	go to church/chapel
rhoi/cael anrhegion	give/receive presents
bwyta llawer o fwyd, fel twrci a ...	eat a lot of food, such as turkey and ...
Dydyn ni ddim yn dathlu'r Nadolig achos ...	We don't celebrate Christmas because ...
Rydyn ni'n dathlu'r Flwyddyn Newydd ar ...	We celebrate the New Year on ...
Ar Sul y Mamau/Tadau rydw i'n ...	On Mother's/Father's Day I ...
Mae Dydd Gŵyl Dewi ar Fawrth y cyntaf	St David's Day is on March the first
Ar Ddydd Gŵyl Dewi, rydyn ni'n ...	On St David's Day, we ...
Yn ystod Ramadan, rydw i'n ...	During Ramadan, I ...

Q List three important dates during the year in Welsh; describe what you do on these dates.

Grammar – the regular verb – present tense

Rydw i'n cael parti.	I have a party.
Rwyt ti'n cael parti.	You have a party.
Mae Dad yn cael parti.	Dad has a party.
Mae e/o/hi'n cael parti.	He/she has a party.
Rydyn ni'n cael parti	We have a party.
Rydych chi'n cael parti.	You have a party.
Maen nhw'n cael parti.	They have a party.

Grammar – the regular verb – present tense, negative forms

Remember
He: e/fe is usually used in south Wales, o/fo is usually used in north Wales.

Dydw i ddim yn cael parti.	I don't have a party.
Dwyt ti ddim yn cael parti.	You don't have a party.
Dydy Dad ddim yn cael parti.	Dad doesn't have a party.
Dydy e/o/hi ddim yn cael parti.	He/she doesn't have a party.
Dydyn ni ddim yn cael parti.	We don't have a party.
Dydych chi ddim yn cael parti.	You don't have a party.
Dydyn nhw ddim yn cael parti.	They don't have a party.

PRACTICE

Link the date and the event

Ionawr 1	Noson Guto Ffowc
Ionawr 25	Dydd Gŵyl Dewi
Mawrth 1	Calan Gaeaf (*Hallowe'en*)
Hydref 31	Dydd Santes Dwynwen
Tachwedd 5	Dydd Calan (*New Year's Day*)

Check your answers in the back of the book.

The Square Mile

Me and my world

➤ Make sure that you can give information about yourself, such as name, age and where you live.
➤ Be prepared to talk or write about special family occasions.
➤ Know how to say the date in Welsh.

A Introducing yourself

WRITE

1 Fill in the form below:

Enw	
Cyfeiriad	
Oed	
Pen-blwydd	

SPEAK

2 Now say whole sentences to introduce yourself. Try to memorise these sentences.

B A birthday

READ

1 Read about how Lisa is going to celebrate her birthday and then answer the questions.

> Lisa ydw i. Rydw i'n cael fy mhen-blwydd ar Awst 31. **Fel arfer,** rydw i'n mynd i'r sinema gyda fy ffrindiau. **Eleni,** rydyn ni'n mynd i fowlio deg ac rydyn ni'n mynd i gael pizza. Rydw i'n hoffi bowlio deg yn fawr. Mae pump o ffrindiau'n dod.

Vocabulary
fel arfer – *usually*
eleni – *this year*

1 **Pryd** mae pen-blwydd Lisa? [1]
2 **I ble** mae Lisa a'i ffrindiau'n mynd **fel arfer** ar ei phen-blwydd? [1]
3 **Beth** maen nhw'n mynd i wneud eleni? [2]
4 **Faint** o ffrindiau sy'n dod? [1]
5 **Pam** mae Lisa eisiau mynd i fowlio deg? [1]

SPEAK

2 Now adapt what Lisa says to talk about your own birthday.

Notice how two marks are awarded for Question 3. This means that you need to give two pieces of information.

C The first words

READ

1 The first words in questions are extremely important. Read the following question words. Then, tick the correct answer in Column **a b** or **c**.

?	a	b	c
1 Ble?	ddoe	yn y dref ✔	Mr Jones
2 Pryd?	yfory	Mrs Evans	drws nesaf
3 Pwy?	yn y disgo	John	ym mis Mai
4 I ble?	i'r dref	neithiwr	Huw
5 Faint?	yn y sinema	ddoe	naw

The Square Mile

D *What about you?*

1 Atebwch y cwestiynau yma yn Gymraeg.
Answer the following questions in Welsh.

1 Wyt ti'n dathlu'r Nadolig?

2 Wyt ti'n cael parti ar dy ben-blwydd?

3 Wyt ti'n 16 oed?

4 Wyt ti'n byw yng Nghymru?

5 Wyt ti'n hoffi Cymraeg?

Remember

Marks are awarded for giving answers that are grammatically correct. Try to make sure that you use the correct yes and no forms.

Grammar – Wyt ti'n ...? / Ydych chi'n ...?

Question	Yes	No
Wyt ti'n mynd i'r sinema ar dy ben-blwydd?	Ydw. Ydw, rydw i'n mynd i'r sinema.	Nac ydw. Nac ydw, dydw i ddim yn mynd i'r sinema. Nac ydw, rydw i'n mynd i'r disgo.
Ydych chi'n mynd allan dros y Flwyddyn Newydd?	Ydw. Ydw, rydw i'n mynd i'r disgo.	Nac ydw. Nac ydw, dydw i ddim yn mynd allan.

Use the **ti** forms with someone younger than you or with someone you know very well, e.g. friends. Use the **chi** forms with an adult, someone you don't know very well and when talking to more than one person, e.g. in a group.

PRACTICE

What, when, where and *how?*

Answer these questions.

1 Pryd mae dy ben-blwydd?

2 Sut wyt ti'n dathlu'r Flwyddyn Newydd?

3 Beth wyt ti'n wneud ar Ddydd Nadolig?

4 Ble wyt ti'n mynd ar Noson Guto Ffowc?

Think of two other questions beginning with **Beth?**, **Pryd?** and **Ble?**. You can think about any situation – not just birthdays and celebrations.

Show off what you know!
Ask a question whenever you can – especially in the oral exam.

The Square Mile

A Family members

Remember

If you're talking about males, use dau, tri, pedwar. If you're talking about females, use dwy, tair, pedair, e.g. dau frawd, dwy chwaer.

tad	*father*	mam	*mother*
brawd	*brother*	chwaer	*sister*
llysfrawd	*stepbrother*	llyschwaer	*stepsister*
brawd yng nghyfraith	*brother-in-law*	chwaer yng nghyfraith	*sister-in-law*
llystad	*stepfather*	llysfam	*stepmother*
taid, tad-cu	*grandfather*	nain/mam-gu	*grandmother*
cefnder	*cousin (male)*	cyfnither	*cousin (female)*
wncwl/yncl/ewythr	*uncle*	anti/modryb	*aunt*
nai	*nephew*	nith	*niece*
gŵr	*husband*	gwraig	*wife*
mab	*son*	merch	*daughter*
cariad	*boyfriend*	cariad	*girlfriend*

Grammar – fy (my) + nasal mutation

fy **nh**ad	*my father*
fy **ngh**ariad	*my girlfriend/boyfriend*
fy **m**rawd	*my brother*

Mae gen i frawd a chwaer.	*I've got a brother and a sister.*	Mae brawd a chwaer gyda fi.
Mae gen i **dd**au frawd.	*I've got two brothers.*	Mae dau frawd gyda fi.
Mae gen i **d**air chwaer.	*I've got three sisters.*	Mae tair chwaer gyda fi.
Does gen i ddim brawd **na** chwaer.	*I haven't got a brother or a sister.*	Does dim brawd **na** chwaer gyda fi.

Q Write three sentences to describe your family.

B Talking about the family

Mae John, fy mrawd
    yn ugain oed/yn ddau ddeg oed
    yn gweithio yn yr ysbyty
	John, my brother
	    is 20 years old
	    works in the hospital

C Family characteristics

Q Say three things about each of your brothers and sisters or about two other family members.

hyfryd	*lovely*	oriog	*moody*
doniol (yn **dd**oniol)	*funny*	diflas (yn **dd**iflas)	*miserable*
clyfar (yn **g**lyfar)	*clever*	twp (yn **d**wp)	*silly, stupid*
caredig (yn **g**aredig)	*kind*	llym (yn **ll**ym)	*strict*
gweithgar (yn **w**eithgar)	*hard-working*	diog (yn **dd**iog)	*lazy*
tawel (yn **d**awel)	*quiet*	swnllyd	*noisy*

Mae Mam yn garedig iawn. Rydw i'n hoffi Mam achos mae hi'n ddoniol.	*Mum is very kind.* *I like Mum because she's funny.*

The Square Mile

D How you get on

Q Say two sentences about how you get on as a family.

Rydyn ni'n dod ymlaen yn dda fel teulu.	*We get on well as a family.*
Mae Dad a fi'n ffrindiau mawr achos rydyn ni'n hoffi ...	*Dad and I are great friends because we like ...*
Dydyn ni byth yn anghytuno.	*We never disagree.*
Dydw i ddim yn hoffi fy chwaer achos mae hi'n boen.	*I don't like my sister because she's a pain.*
Rydw i'n cweryla gyda fy mrawd drwy'r amser.	*I quarrel with my brother all the time.*
Mae fy chwaer a fi'n cweryla am ddillad.	*My sister and I quarrel about clothes.*

E A recent event

Es i gyda Dad i'r gêm rygbi ddydd Sadwrn.	*I went with Dad to the rugby match on Saturday.*
Roedd y gêm yn Llanelli.	*The match was in Llanelli.*
Gwelon ni ffrindiau yno.	*We saw some friends there.*
Cawson ni amser gwych.	*We had a great time.*

Remember
Use roedd to describe, or to refer to an on-going action. Use the short form past tense to refer to an action in the past.

Grammar – the past tense – short form

Gwelais i/Gweles i	*I saw*	N.B.
Gwelaist ti/Gwelest ti	*You saw*	There are four important irregular forms:
Gwelodd e/o/John	*He/it/John saw*	es i – *I went*
Gwelodd y teulu	*The family saw*	des i – *I came*
Gwelodd hi	*She/it saw*	gwnes i – *I did*
Gwelon ni	*We saw*	ces i – *I had*
Gweloch chi	*You saw*	
Gwelon nhw	*They saw*	You can see how these work on page 17.

You can use **fe** or **mi** in front of this tense, but there will be a soft mutation in the verb, e.g. fe welais i *or* mi welais i.

PRACTICE

Think of five verbs to describe what you and your family do over the weekend.

Think of five words to describe your family.

The Square Mile

My family

THE BARE BONES

➤ Make sure that you know the key words for members of your family.

➤ Can you describe these people – what they look like and what kind of people they are?

➤ Be prepared to talk about how you get on as a family.

A Mark's family

Talking about an event in the past is an important feature of the exam. Make sure you can use the past tense.

READ

1 Read part of Mark's e-mail message to his new penfriend.

Q In Welsh, say two sentences about Jac and Siân.

> Helo, Mark ydw i. Rydw i'n un deg chwech oed ac rydw i'n byw yn Rhuthun.
>
> Mae gen i ddau frawd ac un chwaer. Mae John yn ddau ddeg dau oed ac mae o'n gweithio yn y banc. Mae Jac yn un deg naw oed ac mae o'n mynd i'r coleg yn Wrecsam. Mae Siân, fy chwaer, yn un deg tri oed. Mae hi'n mynd i'r ysgol gyfun. Rydyn ni'n byw gyda Mam a Bil, fy llystad. Mae Mam yn gweithio mewn ysbyty, ac mae Bil yn gweithio yn y llyfrgell.
>
> Rydyn ni'n cael llawer o hwyl. Ddydd Sadwrn, aethon ni i aros yn y garafán yn Y Rhyl. Nofion ni yn y pwll nofio yn y prynhawn ac yna aethon ni i'r ffair. Roedd e'n wych!

2 Underline examples of the past tense. Can you use this tense?

3 Read the passage once again before doing the next task. This type of task is typical of the Foundation Tier.

Q Write a paragraph about your family and memorise it.

Darllenwch e-bost Mark ac yna ticiwch yr atebion cywir.
Read Mark's e-mail and tick the correct answers.

| i Mark: oed | a 13 | b 16 | c 19 | d 22 |

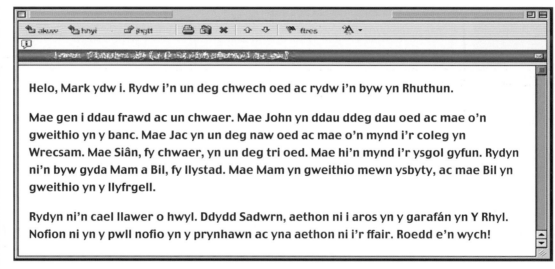

ii Mae gan Mark

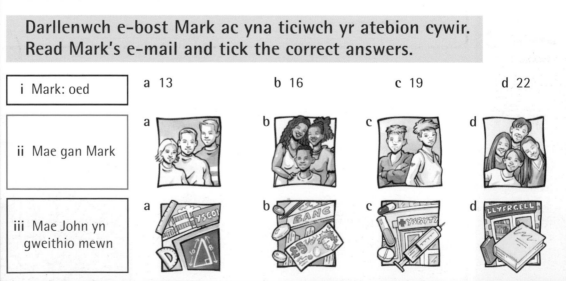

iii Mae John yn gweithio mewn

The Square Mile

B Other people's characteristics

1 Choose five of these characteristics
and link them to members of your family

| doniol | tawel | llym | twp | caredig |
| diflas | oriog | swil | swnllyd |

e.g.

> Mae Sam, fy chwaer, yn swnllyd –
> mae hi'n siarad, siarad, siarad!

> Mae Bil, fy llystad, yn ddoniol iawn.

Use describing words wherever you can. You can bring them in almost anywhere.

Grammar – eitha, iawn, dros ben

eitha	Mae Mam yn **eitha** doniol.	*Mum is quite funny.*
iawn	Mae Mam yn **d**doniol **iawn**.	*Mum is very funny.*
dros ben	Mae fy mrawd yn **d**diog **dros ben**.	*My brother is extremely lazy.*

C Talking about past events

Learn how to form the short form past tense – it is very important.

1 **Beth wnaethoch chi fel teulu dros y penwythnos?
Ticiwch y bocsys priodol.**

**What did you do as a family over the weekend?
Tick the appropriate boxes.**

		Do ✓	Naddo ✓
a	Aethon ni i gêm bêl-droed.		
b	Dawnsion ni nos Sadwrn.		
c	Gwelon ni ffilm dda ar y teledu nos Sadwrn.		
d	Bwyton ni sglodion nos Sadwrn.		
e	Arhoson ni gartref nos Sul.		

Using the short form past tense, talk about something you did as a family recently.
Say

- **what** you did   • **when**   • **where**

and

- **express an opinion**, e.g.
  roedd e'n wych   roedd e'n hwyl   roedd e'n ddiflas iawn.

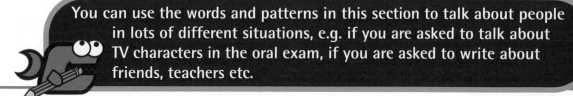

> You can use the words and patterns in this section to talk about people
> in lots of different situations, e.g. if you are asked to talk about
> TV characters in the oral exam, if you are asked to write about
> friends, teachers etc.

The Square Mile

A Holiday likes and dislikes

Q List as many verbs as possible associated with going on holiday.

Rydw i'n hoffi gwyliau gyda'r teulu.	*I like holidays with the family.*
Mae'n well gen i wyliau gyda ffrindiau.	*I prefer holidays with friends.*
Mae'n well gyda fi wyliau gyda ffrindiau.	*I prefer holidays with friends.*
Rydw i'n mwynhau mynd i sgïo gyda'r ysgol.	*I enjoy going skiing with the school.*
Rydw i wrth fy modd yn mynd i Lundain.	*I love going to London.*

Dydw i ddim yn mwynhau gwyliau ar lan y môr.	*I don't enjoy holidays at the seaside.*
Mae'n gas gen i aros gydag Anti Jane.	*I hate staying with Auntie Jane.*
Mae'n gas gyda fi gysgu mewn pabell.	*I hate sleeping in a tent.*

B Why?

Remember
Always say why you like or dislike doing something.

Rydw i'n mwynhau ... achos ... Rydw i wrth fy modd yn ... achos ...		Dydw i ddim yn mwynhau ... achos ... Mae'n gas gen i .../Mae'n gas gyda fi ... achos ...	
mae'n hwyl	*it's fun*	mae'n ddiflas	*it's boring*
mae'n wych/mae'n grêt	*it's great*	mae'n ofnadwy	*it's awful*
mae'n ddiddorol	*it's interesting*	mae'n anniddorol	*it's uninteresting*
rydw i'n hoffi'r ...	*I like the ...*	dydw i ddim yn hoffi'r ...	*I don't like the ...*
mae'r tywydd yn braf	*the weather is fine*	mae hi'n rhy boeth yno	*it's too hot there*
mae llawer o bethau i wneud, fel ...	*there's a lot to do, such as ...*	does dim byd i wneud yno	*there's nothing to do there*

h

Higher Tier candidates may be asked to compare two different types of holidays, e.g. *Mae gwyliau yn y wlad yn well na gwyliau ar lan y môr.*

Mae gwyliau yn y wlad yn well na gwyliau ar lan y môr achos ... mae gwyliau ar lan y môr yn rhy swnllyd mae mwy o bethau i wneud yn y wlad, fel...	*Holidays in the country are better than holidays at the seaside because ...* *holidays at the seaside are too noisy* *there are more things to do in the country, such as ...*
Mae gwyliau ar lan y môr yn well na gwyliau yn y wlad achos ... mae gwyliau yn y wlad yn rhy dawel mae gwyliau ar lan y môr yn fwy cyffrous	*Holidays at the seaside are better than holidays in the country because ...* *holidays in the country are too quiet* *holidays at the seaside are more exciting*

Grammar – comparing

mae glan y môr **yn fwy cyffrous**	*the seaside is more exciting*
mae'r wlad **yn fwy diddorol**	*the countryside is more interesting*
mae'r wlad **yn well na** glan y môr	*the country is better than the seaside*

C Staying at home

Q Name five different countries in Welsh.

Dydw i ddim yn mynd ar wyliau. Rydw i'n ...	I don't go on holiday. I ...
Dros yr haf rydw i'n ...	Over the summer, I ...
Rydw i'n cael amser da yma – rydw i'n ...	I have a good time here – I ...
Weithiau rydw i'n mynd i ...	Sometimes I go to ...
Rydw i'n gweithio drwy'r haf fel arfer.	I usually work over the summer.

D A recent holiday

Q Adapt these examples to talk about a past holiday.

Es i i Ffrainc y llynedd.	I went to France last year.
Es i i Majorca am wythnos/am bythefnos.	I went to Majorca for a week/a fortnight.
Teithion ni ar y trên.	We travelled by train.
Roedd Ffrainc yn ddiddorol iawn.	France was very interesting.
Roedd y tywydd yn braf.	The weather was fine.
Es i i'r traeth bob dydd.	I went to the beach every day.
Nofiais i bob dydd.	I swam every day.
Gwelais i (Tŵr Eiffel).	I saw (the Eiffel Tower).
Mwynheuais i ...	I enjoyed ...

MYND ...went	DOD ...came	CAEL ...had	GWNEUD ...did/...made
Es i	Des i	Ces i	Gwnes i
Est ti	Dest ti	Cest ti	Gwnest ti
Aeth e/o/John	Daeth e/o/John	Cafodd e/o/John	Gwnaeth e/o/John
Aeth hi/Anne	Daeth hi/Anne	Cafodd hi/Anne	Gwnaeth hi/Anne
Aethon ni	Daethon ni	Cawson ni	Gwnaethon ni
Aethoch chi	Daethoch chi	Cawsoch chi	Gwnaethoch chi
Aethon nhw	Daethon nhw	Cawson nhw	Gwnaethon nhw

PRACTICE

Think of a past holiday.
Answer these questions.

1 **Ble** est ti?
2 **Pryd** est ti?
3 **Sut** est ti?
4 **Gyda pwy** est ti?
5 **Beth** wnest ti?

The Square Mile

Family holidays

THE BARE BONES

➤ Make sure that you know enough words and expressions to be able to discuss a past holiday, e.g. how you travelled, what you did, what you saw, what you ate.

➤ Be prepared to talk about what kind of holiday you would like.

➤ If you don't usually go on holiday, be prepared to talk about something that you do at home during the summer.

A	*Talking about holidays*

SPEAK

1 In the oral exam, you may be given a set of pictures linked to the holiday theme and you may be asked specific questions. Look at these two pictures.

Q List ten Welsh verbs linked to holidays, e.g. travel, stay, dance, go to the fair.

Siaradwch am	Talk about
i y gwyliau yn y lluniau	i the holidays in the pictures
ii y math o wyliau rydych chi'n hoffi	ii the type of holiday you like
iii y math o wyliau dydych chi ddim yn hoffi	iii the type of holiday you don't like
iv gwyliau gawsoch chi yn ddiweddar	iv a holiday you had recently

Remember
In the oral exam you will have 10 minutes to prepare. Use this time wisely.
Prepare:
• what you want to say about the pictures
• some questions
• an opinion and a reason
• what you are going to say in the past tense.

You could use these expressions:

• To talk about what you see in the pictures →	Yn y llun mae ... Dyma .../ Mae .../Maen nhw'n ...
• To talk about what you like →	Rydw i'n hoffi/mwynhau/Rydw i wrth fy modd yn ... achos ... mae ... yn gyffrous/ddiddorol/hyfryd
• To talk about what you dislike →	Dydw i ddim yn hoffi/mwynhau/Mae'n gas gen i .../Mae'n gas gyda fi ...achos ... mae'n ddiflas/wastraff amser.
• To talk about recent experiences →	Use various past tense forms + roedd to describe

B Haven't been on holiday recently?

Es i ddim ar fy ngwyliau y llynedd.	*I didn't go on holiday last year.*
Roeddwn i'n gweithio yn ystod yr haf.	*I worked during the summer.*
Cwrddais i â fy ffrindiau.	*I met my friends.*
Es i i ... am y diwrnod.	*I went to ... for the day.*

1 Talk about three things you did at home during your last school holiday.

C An ideal holiday

Q Think of a place you would like to go to on holiday. List three things you would like to do there.

Grammar

Ble hoffet ti fynd?   Ble hoffech chi fynd?   Hoffwn i fynd i ...

Note: there's no **yn** with **hoffech/hoffwn** etc., but there is a soft mutation.

Ble hoffet ti fynd?	Hoffwn i fynd i Sbaen.
	Hoffwn i fynd i rywle ble mae hi'n braf bob dydd.
Beth hoffet ti wneud?	Hoffwn i ymlacio ar y traeth.
Beth hoffet ti weld?	Hoffwn i weld Real Madrid yn chwarae.
Pryd hoffech chi fynd?	Hoffwn i fynd ym mis Medi.
Sut hoffech chi deithio?	Hoffwn i hedfan.
Ble hoffech chi aros?	Hoffwn i aros mewn gwesty mawr.

SPEAK

1 Using **hoffwn i,** say that you would like to go to

   a somewhere warm where there's a lovely beach
   b somewhere where there are plenty of clubs
   c somewhere where there's enough to do

The Welsh for 'somewhere' is **rhywle**.

PRACTICE

Your teacher has asked you to talk to the group about a holiday you had recently. Prepare some notes.

* where
* when
* with who
* what you did
* did you enjoy – why?
* the weather
* opinion

Now, using your notes, talk about your holiday.

In the speaking exam you are allowed to prepare what you are going to say and make notes before you go in. Practise making notes and speaking from them.

The Square Mile

A Where do you live?

Remember
Learn the expressions that are relevant to you.

Ble wyt ti'n byw?/Ble ydych chi'n byw?	Where do you live?
Rydw i'n byw/Rydyn ni'n byw	I live/We live
yn Wrecsam	in Wrexham
yn y wlad	in the country
yn y dref	in the town
yn y ddinas	in the city
mewn pentref o'r enw ...	in a village called ...
ddim yn bell o lan y môr	not far from the seaside
ger Caerdydd	near Cardiff
yn ne Cymru	in south Wales
yng ngogledd Cymru	in north Wales
yng ngorllewin Cymru	in west Wales
yn nwyrain Cymru	in east Wales

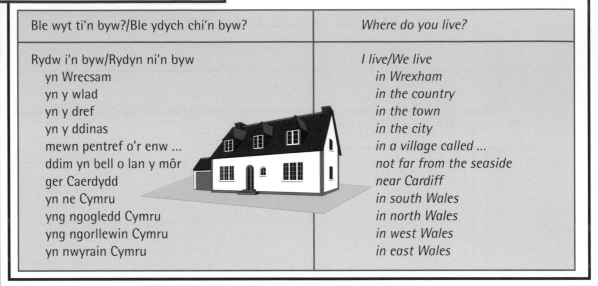

B What kind of home?

Q Think of a full sentence to describe where you live.

Grammar – yn or mewn

Use **yn** if you are talking about a specific place, e.g. **in the** house, **in the** village, **in** Aberbach.

Use **mewn** if you are talking about an unspecified place, e.g. **in a** house, **in a** village.

Rydw i'n byw yn Aberystwyth mewn byngalo.

Rydw i'n byw...	I live ...		
ar fferm	on a farm	ar fferm yn y wlad	on a farm in the countryside
mewn byngalo	in a bungalow	mewn byngalo yn Stryd y Brenin	in a bungalow in King Street
mewn tŷ	in a house	mewn tŷ yn y wlad	in a house in the countryside
mewn tŷ teras	in a terraced house	mewn tŷ teras wrth yr afon	in a terraced house by the river
mewn tŷ semi	in a semi	mewn tŷ semi ar stad newydd	in a semi on a new estate
mewn fflat	in a flat	mewn fflat yng nghanol y ddinas	in a flat in the city centre
mewn carafán	in a caravan	mewn carafán ar Barc y Môr	in a caravan at Parc y Môr

C Your home – rooms

Q Make a list of all the rooms in your house.

cyntedd	hallway	ystafell wely	bedroom
cegin	kitchen	ystafell ymolchi	bathroom
lolfa	lounge	stydi	study
ystafell fyw	living room	swyddfa	office
ystafell fwyta	dining room	garej	garage

The Square Mile

D Inside the home

Q Cover the Welsh words in the list. Do you know the Welsh words?

Masculine nouns		Feminine nouns	
microdon	*microwave*	oergell	*fridge*
popty	*oven*	rhewgell	*freezer*
peiriant golchi dillad	*washing machine*	sinc	*sink*
peiriant golchi llestri	*dishwasher*	ffwrn	*oven*
bath	*bath*	cawod	*shower*
drws	*door*	cadair	*chair*
bwrdd	*table*	wal	*wall*
gwely	*bed*	ffenest	*window*
teledu	*television*	desg	*desk*
peiriant chwarae cryno ddisgiau	*CD player*		
carped	*carpet*		
Plural nouns			
grisiau	*stairs*		
dodrefn/celfi	*furniture*		
llenni	*curtains*		
posteri	*poster*		

E Your bedroom

Q Make a list of all the furniture in your room.

Yn fy ystafell wely i, mae'r carped a'r llenni yn las.	*In my bedroom the carpet and curtains are blue.*
Mae gen i ddesg fach./Mae desg fach gyda fi.	*I've got a small desk.*
Rydw i'n rhannu ystafell wely gyda fy mrawd/chwaer.	*I share a bedroom with my brother/sister.*
Dydw i ddim yn rhannu ystafell.	*I don't share a room.*

Grammar – Describing

Q Add an adjective to the furniture you listed above.

Note: The adjective usually comes **after** the noun to which it refers.

Masculine and plural		Feminine singular	
gwely mawr	*a large bed*	ystafell fawr	*a large room*
cwpwrdd bach	*a small cupboard*	desg fach	*a small desk*
llenni coch	*red curtains*	wal **g**och	*a red wall*

PRACTICE

What do you think of where you live?

Express an opinion and give two reasons.

The Square Mile

THE BARE BONES

➤ Make sure that you know words to describe your home.
➤ Be prepared to talk about what you do at home.
➤ Be prepared to compare.

A My house

READ

1 Read these passages through quickly. Don't worry about understanding every single word, or about translating the passage word for word – that's just not necessary.

Vocabulary

i fyny'r grisiau =
lan llofft –
upstairs

Q Make a list of words associated with your home and memorise these words.

Fy nhŷ i

Rydw i'n byw mewn tŷ eitha bach ar stad o dai newydd yn y dref.

Tu allan, mae lawnt, garej a patio ble rydyn ni'n cael barbeciw yn yr haf.

Tu mewn, mae cegin fawr. Hefyd, mae ystafell fyw fawr ble rydyn ni'n gwylio'r teledu.

Mae tair ystafell wely ac ystafell ymolchi **i fyny'r grisiau.**

Lois, 16 oed

Fy nhŷ i

Rydw i'n byw mewn hen dŷ fferm mawr yn y wlad.

Tu allan, mae gennyn ni ardd fawr ble mae llysiau, coed, blodau a lawnt. Mae patio mawr yn yr ardd. Mae gennyn ni sieds mawr hefyd.

Tu mewn, mae cegin fawr ble rydyn ni'n coginio, yn bwyta ac yn gwylio'r teledu yn y nos. Mae dwy ystafell fyw arall hefyd.

Mae tair ystafell wely i fyny'r grisiau a dwy ystafell ymolchi.

Dafydd, 16 oed

In the exam, Foundation Tier students who are following the full course will be asked to compare two passages. Read both carefully and underline the similarities and differences as you find them. Then, you can concentrate on answering the questions properly.

WRITE

2 Now answer these questions in Welsh.

1   Sut mae tŷ Lois **yn debyg** i dŷ Dafydd?
    a ....
    b ....
    c ....

Vocabulary

yn debyg i –
similar to
yn wahanol i
–*different from*

---

2   Sut mae tŷ Lois **yn wahanol** i dŷ Dafydd?
    a ....
    b ....
    c ....

3   Ydy dy dŷ di'n debyg i dŷ Lois neu i dŷ Dafydd? Pam?
    a ....
    b ....
    c ....

SPEAK

3 Now adapt one of these passages to talk about your own home. Try to memorise this passage.

B Asking about someone else's home

1 Using **Oes** think of four questions to ask someone else about his/her home.

Remember
If the question begins with the word Oes, the answer will be **Oes** or **Nac oes.**

Grammar – Oes . . .?

Question	Yes	No
Oes cegin fawr yn y tŷ?	Oes. Oes, mae cegin fawr iawn yn y tŷ.	Nac oes. Nac oes, does dim cegin fawr yn y tŷ.

C Comparing points of view

Higher Tier candidates following the full course will be asked to compare two different points of view.

READ

1 Read these two passages and then do the task that follows.

Mae edrych ar ôl yr amgylchedd yn bwysig iawn. Yn ein tŷ ni, rydyn ni'n ailgylchu. Rydyn ni'n cael bocs glas arbennig ac rydyn ni'n rhoi papur, tuniau a gwydr yn y bocs. Mae'r cyngor yn casglu'r bocs o'r palmant bob wythnos. Mae hyn yn dda iawn achos rydyn ni'n helpu'r amgylchedd.

Owen, 16 oed

Mae edrych ar ôl yr amgylchedd yn bwysig, ond dydy rhoi bocs ailgylchu glas ar y palmant bob wythnos ddim yn syniad da. Maen nhw'n gwneud y palmant yn frwnt a bydd llygod yn dod! Ych a fi!

Sioned, 16 oed

Llenwch y grid i ddangos ydy Owen a Sioned yn cytuno neu'n anghytuno â'r farn ganlynol a pham.

Complete the grid to show whether Owen and Sioned agree or disagree with the following opinion and why.

WRITE

	Owen	Sioned
Mae gadael bocs ailgylchu ar y palmant yn ofnadwy.	Cytuno ☐ Anghytuno ☐ Pam?	Cytuno ☐ Anghytuno ☐ Pam? ....

PRACTICE

Think of three sentences to describe where exactly you live.

Learn some of your written texts off by heart to use in the exam.

The Square Mile

The area - vocabulary

A Important places

Remember
If you want to say how many shops or hotels etc. there are in your area, use the number + the singular noun, e.g.
dau westy, tair archfarchnad.

Masculine nouns		Feminine nouns	
gwesty, gwestai	*hotel,-s*	llyfrgell	*library*
capel	*chapel*	sinema	*cinema*
traeth	*beach*	theatr	*theatre*
coleg	*college*	gorsaf	*station*
castell	*castle*	neuadd y dre	*town hall*
mosg	*mosque*	neuadd y pentre	*village hall*
pwll nofio	*swimming pool*	swyddfa'r post	*post office*
tŷ bwyta, tai bwyta	*restaurant,-s*	amgueddfa	*museum*
caffi	*café*	ysgol	*school*
cae rygbi	*rugby pitch*	canolfan hamdden	*leisure centre*
cae pêl-droed	*football pitch*	siop,-au*	*shop,-s*
cae chwarae	*playing field*	marchnad	*market*
parc	*park*	archfarchnad	*supermarket*

Q Think of three good points about your area and three bad points.

* Go to page 56 for the Welsh words for different kinds of shops

Mae canolfan hamdden yn y dref.	*There's a leisure centre in the town.*
Mae gennyn ni sinema dda iawn.	*We've got a very good cinema.*
Mae sinema dda iawn gyda ni.	*We've got a very good cinema.*

Does dim pwll nofio yma.	*There isn't a swimming pool here.*
Does gennyn ni ddim canolfan hamdden.	*We haven't got a leisure centre.*
Does dim canolfan hamdden gyda ni.	*We haven't got a leisure centre.*

B Describing the area

Remember
You can use these words to describe lots of other things as well – not just places!

hyfryd	*lovely*	ofnadwy	*awful*
diddorol (yn **dd**iddorol)	*interesting*	diflas (yn **dd**iflas)	*uninteresting*
		hen	*old*
newydd	*new*	hen ffasiwn	*old fashioned*
modern (yn fodern)	*modern*	budr/brwnt (yn fudr/ yn frwnt)	*dirty*
glân (yn lân)	*clean*		

Mae'r dref yn ddiddorol iawn.	*The town is very interesting.*
Mae'r traeth yn hyfryd ac yn lân.	*The beach is lovely and clean.*
Mae canol y dref yn frwnt ac yn hen ffasiwn.	*The town centre is dirty and old fashioned.*

The Square Mile

C   Your opinion

Q Say what you think of your area and give a reason.

Rydw i'n hoffi byw yma achos ...
    mae'r ardal yn hardd
    mae llawer o bethau i wneud yma
    mae fy ffrindiau i yma
	I like living here because ...
	    the area is beautiful
	    there are lots of things to do here
	    my friends are here

Dydw i ddim yn hoffi byw yma achos ...
    mae hi'n rhy dawel yma
    does dim digon o bethau i bobl ifanc
    mae gormod o broblemau yma
	I don't like living here because ...
	    it's too quiet here
	    there aren't enough things for young people
	    there are too many problems here

D   What would you like to see in the area?

Q List what you'd like to have in your area.

Grammar – hoffwn i . . . – I'd like to . . .

Hoffwn i gael rinc sglefrio iâ. Hoffwn i gael canolfan bowlio deg.	*I'd like to have an ice rink.* *I'd like to have a tenpin bowling centre.*

E   How Welsh is the area?

Mae'r ardal yn Gymreig iawn –
    mae arwyddion dwyieithog yn ...
    rydw i'n gallu siarad Cymraeg yn ...
    mae rhaglen Gymraeg ar y radio lleol
    mae papur bro Cymraeg o'r enw ...
	The area is very Welsh –
	    there are bilingual signs in ...
	    I can speak Welsh in ...
	    there's a Welsh programme on the local radio
	    there's a Welsh community papur called ...

Dydy'r ardal ddim yn Gymreig iawn –
    does dim arwyddion Cymraeg yma
 Hoffwn i weld mwy o Gymraeg yma,
    er enghraifft ...
 Dylen ni gael mwy o arwyddion Cymraeg,
    er enghraifft ...
	The area isn't very Welsh –
	    there are no Welsh signs here
	 I would like to see more Welsh here,
	    for example ...
	 We should have more Welsh signs,
	    for example ...

PRACTICE

Fill in the gaps in the speech bubble.

Rydw i'n byw mewn
.... o'r
enw........................... yng
.... Cymru.
Mae'r ardal yn ....
a ....

The Square Mile

The area

THE BARE BONES

➤ Be prepared to describe your area.
➤ Make sure that you can talk about what you and your friends do in the area.
➤ Be prepared to talk about something you did in the area recently.
➤ Learn how to ask other people for their opinions.

A Opinions about your area

You should be able to express an opinion about the area and try to give reasons. Use **achos**.

READ

1 Read these teenage opinions. Who likes living where they do?

a Dw i wrth fy modd yn byw yma achos mae digon o bethau i wneud.

b Mae'n gas gen i'r ardal. Does dim byd i wneud. Twll o le ydy e.

c Mae llawer o bethau i bobl ifanc yma fel clwb ieuenctid, sinema, canolfan bowlio deg ac ati.

d Dydw i ddim yn hoffi byw mewn pentref bach achos mae'n ddiflas iawn.

e Mae hi'n ardal wych. Mae hi'n lân. Does dim graffiti, does dim sbwriel.

g Mae'r lle yn fudr/frwnt iawn. Mae graffiti a sbwriel bob man.

f Does dim canolfan hamdden yma. Does dim byd i wneud yma yn y nos.

Q List five places of interest in your area.

Q Name three places where you can meet your friends in the area.

2 Adapt three sentences so that they refer to your area. For example, speech bubble **d** could be turned into *Dydw i ddim yn hoffi byw yma achos does dim byd i wneud yma*, or bubble **c** into *Rydw i wrth fy modd yn byw yma achos mae digon o bethau i wneud fel bowlio deg, mynd allan i'r disgo gyda ffrindiau, mynd i'r clwb ieuenctid ...*

SPEAK

3 In speech bubble **e**, what makes the area nice and clean?

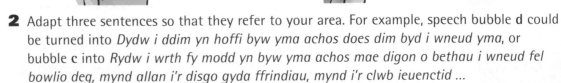

The Square Mile

B Describing your area

Grammar	mae gennyn ni ... / mae ... gyda ni – *we've got*	
	does gennyn ni ddim .../does dim ... gyda ni – *we haven't got*	
Mae gennyn ni (+ *soft mutation*) Does gennyn ni ddim ...	Mae gennyn ni ganolfan hamdden. Does gennyn ni ddim rinc sglefrio iâ.	We've got a leisure centre. We haven't got an ice rink.
Mae ... gyda ni Does dim ... gyda ni	Mae canolfan hamdden gyda ni. Does dim rinc sglefrio iâ gyda ni.	We've got a leisure centre. We haven't got an ice rink.

Always say as much as you can, e.g. Mae gennyn ni ganolfan hamdden fawr ble rydw i'n nofio bob dydd Sadwrn.

READ

Remember
Using ble mae ... or ble rydw i'n ... can be a good way of saying more about a place.

1 Link these places to activities by using **ble mae** or **ble rydw i'n ...**

1 Mae gennyn ni sinema newydd sbon	a ble rydw i'n cyfarfod â fy ffrindiau am fwyd weithiau.
2 Mae gennyn ni lawer o dai bwyta da	b ble rydw i'n chwarae badminton bob nos Wener.
3 Mae clwb ieuenctid yma	c ble mae ffilmiau newydd bob wythnos.
4 Mae gennyn ni ganolfan hamdden dda	d ble rydw i'n prynu fy nillad.
5 Mae gennyn ni siopau da	e ble rydyn ni'n dawnsio ac yn cael llawer o hwyl.

C The local environment

Higher Tier candidates may be asked to talk about a specific topic related to the area.

READ

1 Read about these two very different areas and then answer the questions.

h

Rydw i'n lwcus, rydw i'n byw mewn tref hyfryd iawn. Mae gennyn ni barc modern ble mae digon o le i blant a phobl ifanc chwarae a digon o le i hen bobl eistedd.

David, 16 oed

Twll o le ydy fy mhentref i. Mae graffiti a sbwriel bob man. Does dim byd i blant a phobl ifanc yma.

Emily, 16 oed

1 Sut mae'r ardaloedd yn wahanol?

SPEAK

2 Ydy'ch ardal chi'n debyg i un o'r ardaloedd yma? Pam?

PRACTICE

Say five sentences about what you did in the area recently.

Always try to include more than one tense in your answer – and express an opinion as often as you can.

The Square Mile

A School subjects

Cymraeg	*Welsh*	drama	*drama*
Saesneg	*English*	cerddoriaeth	*music*
Ffrangeg	*French*	daearyddiaeth	*geography*
Eidaleg	*Italian*	hanes	*history*
Sbaeneg	*Spanish*	astudiaethau busnes	*business studies*
Almaeneg	*German*	ymarfer corff	*PE*
mathemateg	*maths*	chwaraeon	*games*
gwyddoniaeth	*science*	technoleg	*technology*
addysg grefyddol	*RE*	technoleg gwybodaeth	*IT*
celf	*art*		

B Favourite and least favourite subjects

Remember
Always say why you like or dislike something if possible.

Beth ydy dy hoff bwnc di?/
Beth ydy'ch hoff bwnc chi?
Cymraeg ydy fy hoff bwnc./
Fy hoff bwnc ydy Cymraeg.
Rydw i'n hoffi Cymraeg achos...
   mae'r athro'n ddoniol/grêt
   mae'n ddiddorol
   rydw i'n hoffi dysgu am ...

What's your favourite subject?

Welsh is my favourite subject.

I like Welsh because...
   the teacher's funny/great
   it's interesting
   I like learning about ...

Remember
You could be asked about school rules. If you would like help with revising school rules, go to pages 68 and 70.

Beth ydy dy gas bwnc di?/
Beth ydy'ch cas bwnc chi?
Cymraeg ydy fy nghas bwnc.
Dydw i ddim yn hoffi Cymraeg achos ...
   mae'r athro'n llym
   mae'n ddiflas
   mae'n gas gen i ddysgu geiriau newydd/
   mae'n gas gyda fi ddysgu geiriau newydd

What's your least favourite subject?

Welsh is my least favourite subject.
I don't like Welsh because ...
   the teacher is strict
   it's boring
   I hate learning new words

diddorol (yn **dd**iddorol)	*interesting*	diflas (yn **dd**iflas)	*boring*
hawdd	*easy*	anodd	*difficult*
defnyddiol (yn **dd**efnyddiol)	*useful*	gwastraff amser (yn **w**astraff amser)	*a waste of time*
doniol (yn **dd**oniol)	*funny*	llym (yn **ll**ym)	*strict*

The Square Mile

C Daily routine

dydd Llun	Monday	dydd Gwener	Friday
dydd Mawrth	Tuesday	dydd Sadwrn	Saturday
dydd Mercher	Wednesday	dydd Sul	Sunday
dydd Iau	Thursday		

Q At what time do you do the following? *codi, cyrraedd yr ysgol, cofrestru, cael cinio, mynd adre?*

Remember
You must use the word awr with hanner – hanner awr wedi.

At 1 o'clock	Am un o'r gloch	At 5 past	Am bum munud wedi
2 o'clock	ddau o'r gloch	10 past	ddeg/ddeng munud wedi
3 o'clock	dri o'r gloch	quarter past	chwarter wedi
4 o'clock	bedwar o'r gloch	20 past	ugain munud wedi
5 o'clock	bump o'r gloch	25 past	bum munud ar hugain wedi
6 o'clock	chwech o'r gloch	half past	hanner awr wedi
7 o'clock	saith o'r gloch	25 to	bum munud ar hugain i
8 o'clock	wyth o'r gloch	20 to	ugain munud i
9 o'clock	naw o'r gloch	quarter to	chwarter i
10 o'clock	ddeg o'r gloch	ten to	ddeg/ddeng munud i
11 o'clock	un ar ddeg o'r gloch	five to	bum munud i
12 o'clock	ddeuddeg o'r gloch		

D School uniform

Q Describe your own school uniform.

Rydyn ni'n gwisgo ...	*We wear ...*	Rhaid i ni wisgo...	*We have to wear ...*
trowsus llwyd	*grey trousers*	sgert lwyd	*a grey skirt*
crys gwyn	*a white shirt*	siwmper las	*a blue jumper*
tei gwyrdd	*a green tie*	siaced las	*a blue jacket*
esgidiau du	*black shoes*	tracwisg las tywyll	*a dark blue*
sanau llwyd	*grey socks*		*tracksuit*

E Expressing an opinion

Yn fy marn i, mae'r wisg ysgol yn smart.	*In my opinion, the school uniform is smart.*
Rydw i'n hoffi'r wisg ysgol achos ...	*I like the school uniform because ...*
mae'n gyfforddus	*it's comfortable*
does dim ffws yn y bore	*there's no fuss in the morning*
mae'n bwysig gwisgo dillad cyfforddus	*it's important to wear comfortable clothes*

Dydw i ddim yn hoffi'r wisg ysgol achos	*I don't like the school uniform because*
mae'n hen ffasiwn	*it's old fashioned*
dydy hi ddim yn gyfforddus	*it isn't comfortable*
rydw i eisiau bod yn cŵl	*I want to be cool*
Hoffwn i wisgo jîns.	*I'd like to wear jeans.*
Rydw i eisiau bod yn wahanol i bobl eraill.	*I want to be different from other people.*

PRACTICE

What do you think of your school uniform? Give a reason.

The Square Mile

THE BARE BONES

➤ Make sure that you you know how to tell the time in Welsh.
➤ Make sure that you can talk about the school subjects, especially your favourite and least favourite subject.
➤ Be prepared to express an opinion about school life, e.g. food, rules, uniform.

A Daily routine

Time phrases often occur during the listening and reading exams, so it is important that you know how to tell the time. See page 29.

READ

1 Read the following sentences. Match each sentence with the correct clock.

1 Rydw i'n barod i fynd i'r ysgol erbyn ugain munud wedi wyth.

2 Mae Cymraeg yn dechrau am ddeng munud wedi deg.

3 Mae'r egwyl am bum munud wedi un ar ddeg.

4 Rydyn ni'n cael cinio am chwarter wedi deuddeg.

5 Erbyn un o'r gloch rydyn ni yn ôl yn yr ystafell ddosbarth.

6 Am chwarter i bedwar rydyn ni'n mynd adref.

Q Adapt some of these sentences to describe your daily routine.

Remember
There is an 'r in o'r gloch.

a   b   c   d   e   f

B All about school

Whenever you look at your watch or a clock, try to say the time in Welsh.

READ

1 Match the questions and the answers.

Remember
There is a soft mutation after am and i.

1 Beth ydy dy hoff bwnc?	a Ydw, mae'n ddiddorol.
2 Wyt ti'n hoffi hanes?	b Mae'r ysgol yn dechrau am bum munud i naw.
3 Pwy ydy dy hoff athro neu athrawes?	c Rydw i'n mynd adref am chwarter i bedwar.
4 Sawl gwers wyt ti'n cael bob dydd?	d Mathemateg ydy fy hoff bwnc.
5 Am faint o'r gloch mae'r ysgol yn dechrau yn y bore?	e Rydw i'n hoffi Mr Morgan, Ffrangeg, achos mae e'n ddoniol iawn. Mae e'n hoffi jôc.
6 Am faint o'r gloch wyt ti'n mynd adref?	f Rydw i'n cael chwe gwers bob dydd.

SPEAK

2 Ask yourself the questions and adapt the answers to fit your own situation.

C A group discussion

You can gain good marks during your oral exam if you know how to interact well in a group. Always say what you think **and give reasons**, ask other people questions and try to use another tense.

1 Learn these patterns.

Stating an opinion	Yn fy marn i, ... achos ...	In my opinion, ... because ...
Asking questions	Wyt ti'n ...? Ydych chi'n ...? Beth wyt ti'n feddwl? Beth ydych chi'n feddwl? Beth ydy dy farn di?/Beth ydy'ch barn chi? Wyt ti'n cytuno?/Ydych chi'n cytuno? Beth amdanat ti?/Beth amdanoch chi?	Do you ...? What do you think? What do you think? What's your opinion? Do you agree? What about you?
Agreeing	Rydw i'n cytuno achos ... Rwyt ti'n iawn./Rydych chi'n iawn. Wrth gwrs.	I agree because... You're right. Of course./Absolutely.
Disagreeing	Rydw i'n anghytuno achos ...	I disagree because ...

SPEAK

2 Look at these illustrations.

1 Talk about the pictures.

2 Describe your school uniform.

3 Give your opinion about your school uniform **and give a reason.**

4 Now think of three questions to ask other people about school uniform.

5 Give three reasons why school uniform is or isn't a good idea.

PRACTICE

1 Name three different sports you do in school.

2 What do you think of these sports?

3 Why are sports important in school?

Think of three reasons.

Every time you express an opinion in Welsh, try to give a reason by saying 'because' – 'achos'. If you get into the habit of doing this, it will come more naturally in the exam.

The Square Mile

A Interests and hobbies

If your hobby is not mentioned here, make sure that you know the correct Welsh words to talk or write about it. Ask your Welsh teacher or a Welsh speaker or look in a good dictionary.

Q List your interests or hobbies.

Amser hamdden	Leisure time		
gwylio'r teledu	(to) watch the television	sglefrfyrddio/sgrialu	(to) skateboard
gwrando ar gryno ddisgiau	(to) listen to CDs	gwneud chwaraeon	(to) do sport
		gwneud carate	(to) do karate
chwarae ar y cyfrifiadur	(to) play on the computer	mynd i'r clwb jwdo	(to) go to the judo club
		mynd allan	(to) go out
coginio	(to) cook	mynd i dŷ fy ffrind	(to) go to my friend's house
darllen	(to) read	mynd i'r clwb ieuenctid	(to) go to the youth club
canu'r ffliwt/piano	(to) play the flute/ piano	mynd am dro	(to) go for a walk

Q What do you think of football?

Beth ydy dy ddiddordebau/hobïau di?	What are your interests/hobbies?
Beth ydy'ch diddordebau/hobïau chi?	What are your interests/hobbies?
Rydw i'n mwynhau ... yn fawr.	I enjoy ... very much.
Rydw i wrth fy modd yn ...	I love ...
Wyt ti'n mwynhau pêl-droed?	Do you enjoy football?
Ydych chi'n mwynhau pêl-droed?	Do you enjoy football?
Ydw, rydw i wrth fy modd yn chwarae pêl-droed.	Yes, I love playing football.
Nac ydw, dydw i ddim yn mwynhau pêl-droed o gwbl.	No, I don't enjoy football at all.
Nac ydw, mae'n gas gen i bêl-droed.	No, I hate football.
Nac ydw, mae'n gas gyda fi bêl-droed.	No, I hate football.

Remember
There is a soft mutation after mae'n gas gen i and mae'n gas gyda fi.

Grammar – important little words

Rydw i'n mwynhau darllen **yn fawr**.	I enjoy reading very much.
Dydw i ddim yn hoffi sglefrfyrddio **o gwbl**.	I don't like skateboarding at all.

B Why?

Q Say why you enjoy the hobbies you listed in A.

Pam wyt ti'n/ydych chi'n mwynhau ...?	Why do you enjoy ...?
Rydw i'n mwynhau ... achos ...	I enjoy ... because ...
mae'n hwyl	it's fun
mae'n gyffrous	it's exciting
mae'n ddiddorol	it's interesting
mae'n anturus	it's adventurous
rydw i'n hoffi bod tu allan	I like being outside
rydw i'n gallu ymlacio	I can relax

Leisure

C When?

Q Say when you do your hobbies.

You should learn the days and nights of the week. They could crop up anywhere!

Pryd wyt ti'n ...? / Pryd ydych chi'n ...? (Fel arfer) rydw i'n gwylio'r teledu ...	When do you ...? I (usually) watch the television ...
ar nos Lun — on Monday night	ar ôl yr ysgol — after school
ar nos Fawrth — on Tuesday night	ar ôl gwneud fy ngwaith cartref — after I've done my homework
ar nos Fercher — on Wednesday night	fin nos — in the evening(s)
ar nos Iau — on Thursday night	bob nos — every night
ar nos Wener — on Friday night	dros y penwythnos — over the weekend
ar nos Sadwrn — on Saturday night	o bump o'r gloch tan ddeg o'r gloch — from 5 o'clock until 10 o'clock
ar nos Sul — on Sunday night	

D Talking about the past

Q Say three sentences in the past about your hobbies.

Beth wnest ti ddydd Sadwrn?	What did you do on Saturday?
Beth wnaethoch chi ddydd Sadwrn?	What did you do on Saturday?
Es i i'r ganolfan hamdden ddydd Sadwrn diwetha.	I went to the leisure centre last Saturday.
Es i gyda ffrindiau.	I went with friends.
Chwaraeon ni badminton.	We played badminton.
Roedd e'n hwyl.	It was fun.

E When did you start?

Q Say when you began to take an interest in your hobbies.

Dechreuais i sglefrfyrddio ...	I started skateboarding ...
y llynedd	last year
ddwy flynedd yn ôl	two years ago
dair blynedd yn ôl	three years ago
pan oeddwn i'n (5) oed	when I was (5) years old.

PRACTICE

Write at least two sentences in the past tense about your hobby.

Leisure

Interests and hobbies

THE BARE BONES

➤ Make sure that you know enough words and patterns to be able to talk about your hobby.

➤ Be prepared to talk about the past, e.g. when you started doing your hobby, or a recent event associated with your hobby.

➤ Learn questions to ask other people about their hobbies.

➤ *h* Higher Tier students should be able to discuss a topical issue related to leisure.

A A typical Saturday afternoon

READ

1 Read what these 16 year olds do on a Saturday afternoon.

> Rydw i'n gweithio.

Carl

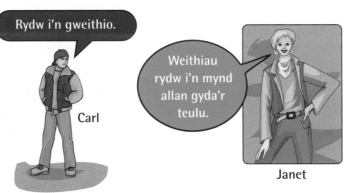

> Weithiau rydw i'n mynd allan gyda'r teulu.

Janet

> Rydw i'n cyfarfod â ffrindiau.

Wayne

SPEAK

2 Do any of these describe what you do?

If so, say the sentence out aloud. If not, make up your own sentence.

Remember
Always try to say as much as you can. Think of what, when, where, why, with whom and a different tense.

3 Now add some more information. Say **where** and **why** you do this.

4 Look again at Wayne's statement above.
Now read his fuller statement.

Rydw i'n cyfarfod â fy ffrindiau yn y dre. Rydyn ni'n mynd i'r parc ac yna rydyn ni'n cael pizza achos rydyn ni'n hoffi mynd allan am fwyd. Rydyn ni'n cael amser gwych.

Which one is most likely to impress in an exam?

SPEAK

5 So what do you usually do at the weekend? **Beth wyt ti'n wneud dros y penwythnos?**
Prepare to give a full account. To begin with, write down the main points and key expressions:

Beth: ....   Pam: ....
         ....

Ble: ....   Gyda pwy: ....
         ....

Pryd: ....   Teimlo: ....
         ....

Leisure

B Why?

READ

1 Link the hobby with the most appropriate reason.

1 Rydw i'n hoffi beicio	a rydw i'n hoffi ffilmiau da.
2 Rydw i'n mwynhau gwrando ar gryno ddisgiau	b rydw i'n hoffi bod tu allan.
3 Rydw i wrth fy modd yn gwylio'r DVD	c rydyn ni'n cael hwyl.
4 Rydw i wrth fy modd yn nofio	d rydw i'n hoffi bwyd.
5 Rydw i wrth fy modd yn mynd allan gyda ffrindiau	e rydw i'n mwynhau cerddoriaeth.
6 Coginio ydy fy hobi i	f rydw i'n hoffi cadw'n heini.

achos

C Fill in the gaps

WRITE

1 Write the correct past tense forms in the gaps, e.g.

1 ...*Gwyliais*.............. (gwylio) i'r teledu neithiwr.

2 Dydd Sul diwetha, ... (nofio) i yn y pwll nofio.

3 Prynhawn dydd Sadwrn diwetha, ... (chwarae) i rygbi yn y dre.

4 Nos Wener diwetha, ... (gweld) i fideo da iawn yn nhŷ fy ffrind.

5 .... (mynd) i allan gyda ffrindiau nos Sadwrn diwetha.

6 .... (mynd) ni i'r disgo yn y dre. .... (cael) ni amser gwych. .... (dawnsio) ni tan un ar ddeg o'r gloch. .... (mynd) ti allan nos Sadwrn?

Remember
The past tense is very important. If you want help with this tense, go to page 114.

PRACTICE

Using each of these words write a question to ask someone about his/her hobby.

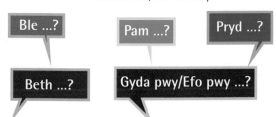

Ble ...?

Pam ...?

Pryd ...?

Beth ...?

Gyda pwy/Efo pwy ...?

Make sure you know plenty of words and phrases associated with your hobbies. Higher Tier candidates are expected to give more ambitious answers, so what about learning specialised words associated with your hobby? Ask your teacher for help.

Leisure

Sports - vocabulary

A Sports

Q Say what sports you do. Add a time expression, e.g. *bob nos Wener, ar ddydd Sadwrn.*

Ask a friend or a member of your family to help you learn vocabulary by testing you or learning with you.

nofio	(to) swim	gymnasteg	gymnastics
chwarae pêl-droed	(to) play football	tennis	tennis
chwarae badminton	(to) play badminton	jwdo	judo
chwarae snwcer	(to) play snooker	carate	karate
beicio	(to) go cycling	cicfocsio	kickboxing
loncian	(to) jog	hoci	hockey
merlota	(to) go horse riding	pêl-rwyd	netball
pysgota	(to) fish	pêl-fasged	basketball
dringo	(to) climb	sboncen	squash
sgïo	(to) ski	canŵio	(to) canoe

B What kind of sports do you do or enjoy?

Remember You can use either **Rydw i** or **Dw i** in the present tense.

Pa fath o chwaraeon wyt ti'n mwynhau?	What kind of sports do you enjoy?
Pa fath o chwaraeon ydych chi'n mwynhau?	What kind of sports do you enjoy?
Rydw i'n chwarae hoci.	I play hockey.
Rydw i'n nofio bob wythnos.	I swim every week.
Rydw i'n cael gwersi gymnasteg.	I have gymnastics lessons.
Rydw i'n mynd i'r clwb Tae Kwan Do.	I go to the Tae Kwan Do club.

Grammar – Pa...? – Which...?/What...?
There is a soft mutation after Pa?

Pa **d**îm wyt ti'n gefnogi?	Which team do you support?
Pa **l**iw maen nhw'n wisgo?	What colour do they wear?
Ym mha **b**wll wyt ti'n nofio?	In which pool do you swim?
I ba **d**îm wyt ti'n chwarae?	What team do you play for?

C So you don't like sport

Q Say which sports you don't like.

Dydw i ddim yn hoffi chwaraeon.	I don't like sports.
Mae'n gas gen i chwaraeon	I hate sports.
Mae'n gas gyda fi chwaraeon.	I hate sports.
Does gen i ddim diddordeb mewn chwaraeon.	I'm not interested in sports.
Does dim diddordeb gyda fi mewn chwaraeon.	I'm not interested in sports.

D Why?

Q Think of a sport that you enjoy. Say why you like it.

Rydw i'n mwynhau ... achos ...	I enjoy ... because ...
rydw i eisiau cadw'n heini	I want to keep fit
rydw i'n hoffi chwarae mewn tîm	I like to play in a team
rydw i'n hoffi cystadlu/ennill	I like to compete/win
mae'n dda i chi	it's good for you
dydy e ddim yn rhy flinedig	it isn't too tiring

Q Think of a sport that you don't enjoy. Say why you don't like it.

Dydw i ddim yn mwynhau ... achos	I don't enjoy ... because ...
dydw i ddim yn heini	I'm not fit
dydw i ddim yn hoffi chwarae mewn tîm	I don't like playing in a team
dydw i ddim yn hoffi cystadlu	I don't like competing
mae'n ddiflas	it's boring
mae'n rhy flinedig	it's too tiring

E The details

Oes rhaid i ti ymarfer?	Do you have to train/practise?
Oes rhaid i chi ymarfer?	Do you have to train/practise?
Oes, rhaid i mi/fi ymarfer ...	Yes, I have to train/practise ...
bob nos	every night
unwaith yr wythnos	once a week
ddwywaith yr wythnos	twice a week
dair gwaith yr wythnos	three times a week
bedair gwaith yr wythnos	four times a week
am awr ar ddydd Sadwrn	for an hour on Saturday
am ddwy awr ar nos Wener	for two hours on Friday night
Rydw i'n rhedeg/loncian/cerdded am ddwy filltir.	I run/jog/walk for two miles.
Rydw i'n ymarfer yn y gampfa.	I work out in the gym.
Nac oes.	No.
Nac oes, does dim rhaid i mi/fi ymarfer llawer.	No, I don't have to train/practise a lot.

PRACTICE

When are these sports usually played? Link the sport to the time of year.

yn yr haf *(in summer)*   pêl-droed
yn y gaeaf *(in winter)*   sboncen
drwy'r flwyddyn *(all year)*   criced

Summer and winter are mentioned above.
What are the words for spring and autumn?

Leisure

THE BARE BONES

➤ Make sure that you know enough words and patterns to be able to talk about the sports you enjoy and why you enjoy them.
➤ Be prepared to talk about the past, e.g. a recent sporting event or when you started taking part in a particular sport.
➤ Learn specific questions to ask other people about which sports they enjoy.
➤ *h* Higher Tier students should be able to discuss a topical issue related to sports.

A *Last week's match*

Use a different tense wherever possible.

READ

1 Read Sam's account of last week's hockey match.

> Rydw i'n chwarae hoci i'r ysgol.
> Ddydd Sadwrn diwetha, chwaraeon ni yn erbyn Ysgol Bryn Gwyrdd. Collon ni – deg gôl i ddim. Roedd hi'n gêm ofnadwy.

WRITE

2 Underline the past tense forms in this passage. What do they mean?

3 Use these forms to write about a sporting event you've recently taken part in. You could, of course, use **enillon ni** (*we won*), instead of **collon ni** (*we lost*)! Ask your Welsh teacher to check what you have written and memorise it.

B *When did you start?*

READ

1 Read these snippets. –

Steve: Pa chwaraeon wyt ti'n hoffi, Ceri?
Ceri: Rydw i wrth fy modd yn gwneud carate.

Steve: Pryd dechreuaist ti?
Ceri: Ddwy flynedd **yn ôl**.

Steve: Carol, pryd dechreuaist ti chwarae hoci?
Carol: Bum mlynedd yn ôl.

Steve: Pryd dechreuoch chi chwarae sboncen?
Paul a John: Bedair blynedd yn ôl.

Vocabulary
yn ôl – *ago*

2 Underline the time expressions. What do they mean?

It's a good idea to be ambitious during the oral and writing exams, but don't be too ambitious. If you don't know it, don't say it – think of something else instead.

Leisure

SPEAK

1 Higher Tier candidates could be asked to discuss a topical issue related to sport.

> Trafodwch y gosodiad: *Discuss the statement:*
>
> ### MAE PÊL-DROEDWYR PROFFESIYNOL YN ENNILL GORMOD O ARIAN!
>
> Do you agree with this statement? Plan your answer, e.g.

Remember
Don't use **mae** or **roedd** with **bod**.

h

Rydw i'n cytuno bod pêl-droedwyr proffesiynol yn ennill gormod o arian achos ...
 	
    maen nhw'n ennill miloedd o bunnau bob wythnos
    dydy cicio pêl ddim yn waith caled
    dydyn nhw ddim yn gweithio oriau hir
    maen nhw'n gwastraffu'r arian
	Dydw i ddim yn cytuno bod pêl-droedwyr proffesiynol yn ennill gormod o arian achos ...
	
	    maen nhw'n gweithio ar brynhawn Sadwrn
	    rhaid iddyn nhw ymarfer yn galed
	    mae'r papurau newydd yn ysgrifennu storïau cas amdanyn nhw
	    dydyn nhw ddim yn bêl-droedwyr am amser hir

PRACTICE

Look at these photos taken at the Urdd camps at Glan-llyn and Llangrannog. Name the sports.

Remember
If you are following the GCSE full course, the Urdd features under Cymru.com.

Say a Welsh sentence about two sports that you enjoy.

> You will have 10 minutes to prepare what you want to say in the oral exam. Use that time wisely. Think of **what** you will say and **how** you will say it. Also, think of **good questions** to ask. This is very important.

Leisure

Socialising/going out - vocabulary

A What

mynd i'r sinema	(to) go to the cinema
mynd i fowlio deg	(to) go tenpin bowling
mynd i'r clwb ieuenctid	(to) go to the youth club
mynd i'r clwb jwdo	(to) go to the judo club
mynd allan gyda ffrindiau	(to) go out with friends
cael amser da	(to) have a good time
mwynhau fy hun	(to) enjoy myself

B Where

yn y dref	in (the) town
yn y pentref	in the village
yn y ganolfan hamdden	in the leisure centre
yn y disgo	in the disco
yn y clwb ieuenctid	in the youth club
yn nhŷ fy ffrind	in my friend's house
ar y traeth	on the beach

C When

dros y penwythnos	over the weekend
ar nos Wener/ar nos Sadwrn	on Friday/Saturday night
ar ddydd Sadwrn	on Saturday
weithiau	sometimes
yn aml/ddim yn aml	often/not often
bob wythnos	every week
bob prynhawn Sadwrn	every Saturday afternoon
bob nos Wener o (saith o'r gloch) tan (hanner awr wedi naw)	every Friday night, from (seven o'clock) until (half past nine)

D Going out

Rydw i'n hoffi mynd i'r sinema gyda fy ffrindiau.	I like going to the cinema with friends.
Weithiau, rydyn ni'n mynd allan am fwyd yn ...	Sometimes, we go out for food in ...
Rydw i wrth fy modd yn mynd i'r clwb ieuenctid achos mae'n hwyl.	I love going to the youth club because it's fun.
Yno, rydyn ni'n dawnsio/chwarae gemau/siarad.	There, we dance/play games/talk.
Mae fy ffrindiau i'n dod hefyd.	My friends come too.

Leisure

E The price

ceiniog, ceiniogau	pence	punt, punnau	pound, pounds
un geiniog	1p	un bunt	£1
dwy geiniog	2p	dwy bunt	£2
tair ceiniog	3p	tair punt	£3
pedair ceiniog	4p	pedair punt	£4
pum ceiniog	5p	pum punt	£5
chwe cheiniog	6p	chwe phunt	£6
deg ceiniog	10p	deg punt	£10
dau ddeg ceiniog /ugain ceiniog	20p	dau ddeg punt/ugain punt	£20
pum deg ceiniog/hanner can ceiniog	50p	pum deg punt/hanner can punt	£50
saith deg pump ceiniog	75p	can punt	£100
dwy bunt pedwar deg	£2.40	dau gant o bunnau	£200

Q What's the Welsh for £2.50; £3.75; £6.99?

ewro, ewros	euro
un ewro	1
dau ewro	2
tri ewro	3
tri deg ewro	30
can ewro	100
pum can ewro	500

Q In Welsh, name somewhere you go to with your friends and say how much it costs.

Faint mae'n gostio ...?	How much does it cost?
Oes rhaid i chi dalu?	Do you have to pay?
Oes, rhaid i mi/fi dalu.	Yes, I have to pay.
Nac oes, does dim rhaid i mi/fi dalu.	No, I don't have to pay.
Mae e'n/o'n rhad ac am ddim.	It's free.
Mae'n costio dwy bunt.	It costs two pounds.
Mae'n costio tair punt y sesiwn.	It costs three pounds per session.
Mae'n costio pum punt y flwyddyn.	It costs five pounds a year.

F A recent social event

Q Think of a recent social event. Write five sentences about it.

Es i i ...	I went to ....
Gwelais i ...	I saw...
Roedd y ... yn wych.	The ... was/were great.
Mwynheuais i'n fawr.	I enjoyed (myself) very much.

PRACTICE

Think of two places you go to regularly with friends.

Answer these questions.

Beth wyt ti'n wneud yno?

Pam wyt ti'n mynd yno?

Leisure

Socialising/going out

THE BARE BONES

➤ Be prepared to talk as fully as possible about going out – when, where, with who, why, what you do.

➤ You should be able to talk about somewhere you went recently.

➤ **ⓗ** Higher Tier students should be able to discuss a topical issue related to going out, e.g. drinking, smoking.

A Advertisements

READ

1 Read these three advertisements.

Vocabulary
gadael – *(to) leave*
dychwelyd – *(to) return*

Ⓠ List six sports that are mentioned.

A

YDYCH CHI'N HEINI?
WEL, DEWCH I WELD!
DIWRNOD AGORED
yn
Y GANOLFAN HAMDDEN

Dydd Sadwrn
13 Mai, 9.00y.b.– 9.00y.h.
yn rhad ac am ddim!!!!

Dewch i fwynhau
• badminton neu sboncen
• nofio
• cadw'n heini
• jwdo neu tae kwan do
• dawnsio salsa
a llawer mwy

B

CLWB IEUENCTID
bob nos Wener
7.00-9.00

£1.00 y sesiwn

yn cynnwys diod a bisged

tennis bwrdd   gemau pêl

cwis   dawnsio   fideos

caraoce

HEFYD

trip i fowlio deg cyn y Nadolig
trip i'r sinema ym mis Chwefror

C

Trip Penwythnos i
LUNDAIN
Mehefin 23–25
Pris: £160

Gadael:
Mehefin 23 am 4.00pm
Dychwelyd:
Mehefin 25 am 6.00pm

Dewch i fwynhau
• sioe yn y West End
• teithio o gwmpas Llundain – Buckingham Palace, Sgwâr Trafalgar
• siopa yn Oxford Street
• mynd am drip ar yr afon (pris £5.00)

GWESTY DA – GWELY A BRECWAST.

Ⓠ List two references to prices. Can you say these prices in Welsh?

2 Match the people to the adverts.

	Advert
	C

1 Rydw i eisiau cael gwyliau bach. (Siôn, 18 oed)
2 Bydda i'n mynd i weld ffilm yn y gaeaf. (Rhian, 13 oed)
3 Does dim rhaid i mi dalu. (Gareth, 16 oed)
4 Rhaid i mi dalu punt bob wythnos. (Carl, 16 oed)
5 Bydda i'n cael llawer o hwyl drwy'r dydd. (Will, 8 oed)
6 Rydw i wrth fy modd yn gweld sioe. (Jane, 24 oed)
7 Bydda i'n mynd ar drip yn yr haf. (Sue, 31 oed)
8 Bydda i'n mynd bob wythnos. (Jack, 15 oed)

B The future

1 Look again at the eight sentences listed above. Four of them refer to something that will happen in the future. Underline the future tense forms.

2 You could use this tense to talk about somewhere you will go to in the future, e.g. over the coming weekend, after the exams have finished etc.

Leisure

B

Grammar – the future: I'll, I'll be

Bydda i'n mynd i'r disgo nos Sadwrn.	I'll be going to the disco on Saturday night.
Bydda i'n dawnsio drwy'r nos.	I'll dance all night.
Bydda i'n cael hwyl.	I'll have fun.

Grammar – the future: talking about other people

Bydd John yn dod hefyd.	John will come also.
Bydd fy ffrindiau i yno.	My friends will be there.
Byddwn ni'n cael hwyl.	We'll have fun.
Byddwn ni'n cael amser gwych.	We'll have a great time.

If you're asked to talk about the coming weekend and haven't got anything planned, make something up – but make sure you can talk or write about it!

Q Write three sentences to describe what you will do next weekend.

Remember
You can use the future tense to talk about all sorts of things.

C   A postcard

WRITE

Fill in the gaps in the postcard. Use the future tense.

Sut mae? Rydw i'n cael amser da yma yn Aberystwyth. Yfory, ... i'n mynd i lan y môr a nos yfory, ... i'n mynd allan gyda ffrind newydd o'r enw Pete. Dydd Sadwrn, ... Ceri yn dod i aros yma. Felly, dydd Sul, ... ni'n mynd i weld sioe yn y theatr. Mi wela i di cyn bo hir Emma	Kylie Jones 3 Y Stryd Fawr Porthaethwy Ynys Môn

---

PRACTICE

Write an e-mail to your pen-friend saying what you did this week and what you will be doing next week.

Show off what you know! If you feel confident about something, e.g. the future tense, use it.

Leisure

A Who are your friends?

Q Say three sentences about some of your friends.

... ydy fy ffrind gorau.	... is my best friend.
Mae e'n/o'n/hi'n ...	He/she is ...
Mae gen i ffrind post yn Awstralia.	I have a pen-friend in Australia.
Mae ffrind post gyda fi yn America.	I have a pen-friend in America.
Ei enw e/o ydy .../Ei henw hi ydy ...	His/her name is ...
Rydyn ni'n ysgrifennu'n aml.	We write often.
Rydyn ni'n anfon negeseuon e-bost yn aml.	We often send e-mails.

B What do they look like?

Remember
You can use these words and expressions to talk about family members, TV characters etc. as well as your friends.

tal (yn dal)	tall	mawr (yn fawr)	big
byr (yn fyr)	short	bach (yn fach)	small

gwallt ...	... hair	llygaid ...	... eyes
gwallt golau	fair hair	llygaid glas	blue eyes
gwallt tywyll	dark hair	llygaid brown	brown eyes
gwallt du	black hair	llygaid gwyrdd	green eyes
gwallt hir	long hair	llygaid mawr	large eyes
gwallt byr	short hair	llygaid bach	small eyes

Q Adapt these examples to describe your best friend in Welsh.

Mae John yn fawr.	John is big.	Mae John yn fawr.
Mae ganddo fo wallt du.	He's got black hair.	Mae gwallt du gyda fe.
Mae ganddo fo lygaid brown.	He's got brown eyes.	Mae llygaid brown gyda fe.

Mae Jane yn dal.	Jane is tall.	Mae Jane yn dal.
Mae ganddi hi wallt golau.	She's got fair hair.	Mae gwallt golau gyda hi.
Mae ganddi hi lygaid glas.	She's got blue eyes.	Mae llygaid glas gyda hi.

C What kind of people are they?

Remember
Learn the words that are relevant to your friend.

hyfryd	lovely	hwyl	fun
caredig (yn garedig)	kind	llawer o hwyl (yn llawer o hwyl)	a lot of fun
bywiog (yn fywiog)	lively	doniol (yn ddoniol)	funny
tawel (yn dawel)	quiet	swnllyd	noisy
gweithgar (yn weithgar)	hard-working	diog (yn ddiog)	lazy

Mae ... yn dawel.	... is quiet.
Mae fy ffrind gorau'n ddoniol.	My best friend is funny.

D How do you get on?

Rydyn ni'n ffrindiau da.	We're good friends.
Rydyn ni'n dod ymlaen yn dda.	We get on well.
Rydyn ni'n cael llawer o hwyl – rydyn ni'n ...	We have a lot of fun – we ...
Rydyn ni'n deall ein gilydd.	We understand each other.
Weithiau rydyn ni'n cweryla.	We sometimes quarrel.
Rydyn ni'n anghytuno am (dimau pêl-droed).	We disagree about (football teams).

Q Higher Tier students may be asked to discuss a statement like **Mae ffrindiau'n well na'r teulu.** Do you agree or disagree with this statement? Give three reasons.

h

Weithiau mae ... yn fy ngwylltio i achos ...	... annoys me sometimes because ...
Mae ffrindiau'n gallu bod yn anodd weithiau.	Friends can be difficult at times.
Mae ffrindiau'n gallu dod rhyngoch chi a'ch teulu.	Friends can come between you and your family.
Mae rhai pobl yn dilyn eu ffrindiau heb feddwl.	Some people follow their friends without thinking.
Mae rhai ffrindiau'n hunanol iawn.	Some friends are very selfish.

E Last weekend

Q Describe what you and your friends like doing together – see page 40.

Es i allan gyda fy ffrindiau ddydd Sadwrn.	I went out with friends on Saturday.
Aethon ni i fowlio deg.	We went tenpin bowling.
Yna, gwelon ni ffilm yn y sinema.	Then, we saw a film in the cinema.
Ar ôl cael pizza, daethon ni adre ar y bws.	After having a pizza, we came home on the bus.

F Next weekend

Ddydd Sadwrn nesaf, byddwn ni'n mynd i barti.	Next Saturday, we'll be going to a party.
Byddwn ni'n gwisgo gwisg ffansi.	We'll be wearing fancy dress.
Bydda i'n aros dros nos gyda ffrindiau.	I'll be staying overnight with friends.

PRACTICE

List five verbs to describe what you and your friends do together.

Leisure

THE BARE BONES

➤ Be prepared to describe your friends – what they look like and what kind of people they are.

➤ You should be able to discuss what you do with your friends – in the present, past and future tenses.

➤ **h** Higher Tier students should be able to discuss the importance of friends and other similar issues.

A   A profile

1 In this exercise you are going to build up a profile of your best friend. Underline the correct description. If none of them fit, write your own description in the right-hand column.

---

1 Mae fy ffrind i'n

| dal | fyr | ganolig | ...... |

2 Mae e'n/o'n/hi'n

| 15 oed | 16 oed | 17 oed | ... oed |

3 Mae ganddo fo/ganddi hi

| wallt golau a llygaid glas | wallt tywyll a llygaid gwyrdd | wallt brown a llygaid brown | wallt .... a llygaid ... |

Or

Mae ... gyda fy ffrind i

| wallt golau a llygaid glas | wallt tywyll a llygaid gwyrdd | wallt brown a llygaid brown | wallt .... a llygaid ... |

4 Mae e'n/o'n/hi'n hoffi

| gwrando ar gerddoriaeth | darllen | chwaraeon | ...... |

5 Hoff bwnc ... *(your friend's name)* **... ydy**

| Cymraeg | mathemateg | gwyddoniaeth | ...... |

6 Cas bwnc ... *(your friend's name)* **... ydy**

| hanes | Ffrangeg | drama | ...... |

7 Mae fy ffrind i'n

| dawel ac yn swil | hyderus ac yn ddoniol | glyfar ac yn weithgar | ...... |

8 Rydyn ni'n cael llawer o hwyl yn

| mynd i'r dref **gyda'n gilydd** | gwylio ffilmiau gyda'n gilydd | siarad Cymraeg gyda'n gilydd | ...... |

Q Adapt some of these sentences to talk about your brother or sister or another family member.

Vocabulary
gyda'n gilydd – *together*

WRITE

2 Write out the complete sentences that you have formed.
Try to memorise some of these sentences.

B Different kinds of friends

READ

1 Read about John's friends.

Mae gen i ddau ffrind da iawn – Huw a Ben. Maen nhw'n bobl hapus iawn. Mae Huw yn hoffi jôcs ac mae Ben yn hoffi chwarae triciau ar bobl. Mae'r ddau yn hoffi pêl-droed. Mae Huw yn hoffi gwylio pêl-droed ar y teledu (dydy e ddim yn hoffi chwarae pêl-droed – na rygbi). Mae Ben yn hoffi chwarae pêl-droed a rygbi.

Yn yr ysgol, hoff bwnc Huw ydy gwyddoniaeth ond hoff bwnc Ben ydy chwaraeon. Mae'r ddau'n hoffi Cymraeg – wrth gwrs!

John, 16 oed

Q Use these patterns to describe your friends' hobbies, and their favourite or least favourite subjects.

1 How are these two friends similar to each other?
    Maen nhw'n debyg achos …

2 How are they different?
    Maen nhw'n wahanol achos …

3 Write a similar piece about your own friends.

C 🎧 Friends or family?

READ

1 Read these two opinions.

Mae ffrindiau'n well na'r teulu. Mae ffrindiau'n llawer o hwyl. Dydw i ddim yn cael llawer o hwyl gyda fy nheulu.

Sam
16 oed

Mae ffrindiau'n bwysig ond mae'r teulu'n fwy pwysig.

Chloe
16 oed

Answer this question.

    Gyda pwy ydych chi'n cytuno – Sam neu Chloe? Pam?

PRACTICE

Talk about something you and your friends did recently – what? where? when? with who? why?

 Use adjectives or describing words wherever possible, e.g. you can use them with places, people, animals, school subjects, television programmes, hobbies – almost anything.

Leisure

A Favourite programmes

Make sure that you can ask and answer a range of questions.

Q Beth ydy dy hoff raglen? *Answer this question.*

Remember
Always say as much as you can. Try not to give one-word answers.

Pa raglenni teledu wyt ti'n mwynhau?	*Which television programmes do you enjoy?*
Pa raglenni teledu ydych chi'n mwynhau?	*Which television programmes do you enjoy?*
Pa raglenni teledu dwyt ti ddim yn mwynhau?	*Which television programmes don't you enjoy?*
Pa raglenni teledu dydych chi ddim yn mwynhau?	*Which television programmes don't you enjoy?*
Rydw i'n mwynhau ... / Dydw i ddim yn mwynhau ...	*I enjoy ... / I don't enjoy ...*
Beth ydy dy/eich hoff raglen?	*What's your favourite programme?*
... ydy fy hoff raglen.	*My favourite programme is...*
Beth ydy dy gas raglen?	*What's your least favourite programme?*
... ydy fy nghas raglen.	*My least favourite programme is...*
Wyt ti'n mwynhau ...?/Ydych chi'n mwynhau ...?	*Do you enjoy ...?*
Ydw, rydw i'n mwynhau ...	*Yes, I enjoy ...*
Nac ydw, dydw i ddim yn mwynhau ...	*No, I don't enjoy ...*

B What sort of programmes?

Q Pa fath o raglenni wyt ti'n hoffi? *Answer this question.*

Rydw i'n hoffi pob math o raglenni ...	*I like all sorts of programmes ...*
rhaglenni comedi	*comedy programmes*
rhaglenni dogfen	*documentaries*
rhaglenni chwaraeon	*sports programmes*
rhaglenni cerddoriaeth	*music programmes*
rhaglenni coginio	*cookery programmes*
rhaglenni cwis	*quiz shows*
rhaglenni realiti	*reality programmes*
operâu sebon	*soap operas*
cartwnau	*cartoons*
y newyddion	*the news*
y tywydd	*the weather*

C Expressing an opinion about programmes and films

Remember
You can also use these words in other situations, e.g. to talk about books, magazines, activities etc.

yn ardderchog	*excellent*	yn ofnadwy	*awful*
yn gyffrous	*exciting*	yn ddiflas	*boring*
yn ddiddorol	*interesting*	yn anniddorol	*uninteresting*
yn fywiog	*lively*	yn araf	*slow*
yn wych	*great*	yn wastraff amser	*a waste of time*
yn wych ar gyfer pobl ifanc	*great for young people*	yn blentynnaidd	*childish*

C

Mae cartwnau yn blentynnaidd.	Cartoons are childish.
Dydw i ddim yn hoffi rhaglenni cwis achos maen nhw'n ddiflas.	I don't like quiz shows because they're boring.
Mae operâu sebon yn ofnadwy achos dydyn nhw ddim yn realistig.	Soap operas are awful because they're not realistic.
Rydw i wrth fy modd yn gwylio rhaglenni cerddoriaeth achos maen nhw'n gyffrous.	I love watching music programmes because they're exciting.

D   When

Remember
If you want to say *'the news is on at six o'clock'*, use either **ar y teledu** or **ymlaen** to translate *on*. Don't use **ar** by itself!

You can refer to the time if you are asked to talk or write about television programmes. Therefore it is important that you learn how to tell the time. Go to pages 29 and 33 for more help.

Rydw i'n gwylio'r teledu bob nos.	I watch the television every night.
Rydw i'n gwylio ffilmiau DVD bob nos Wener.	I watch DVD films every Friday night.
Mae ... ar y teledu bob nos Wener.	... is on the television every Friday night.
Mae ... ymlaen am ... o'r gloch ar nos Wener.	... is on at ... o'clock on Friday night.

E   A recent programme

Q Using roedd, say two sentences about a programme you have recently seen on the television.

Grammar *the imperfect tense – **roedd** – to set the scene and describe*	
Roedd rhaglen dda ar y teledu neithiwr.	There was a good programme on the television last night.
Roedd dau gymeriad yn y rhaglen.	There were two characters in the programme.
Roedden nhw'n ddoniol iawn.	They were very funny.

Grammar *the short form past tense – to refer to actions.* *Talking about another person – this form usually ends in – **odd** (singular) or – **on** (plural)*	
Gwelodd y dyn y ferch yn y môr.	The man saw the girl in the sea.
Yn y diwedd, syrthion nhw mewn cariad.	In the end, they fell in love.

PRACTICE

In the snake, find the four verbs you could use while talking about the television. What do they mean?

OPEGWYLIORHAGEDRYCHARMINMWYNHAUNEWCASÁUDRE

Leisure

The media

THE BARE BONES

➤ Make sure that you can give your opinions about certain television programmes.

➤ Be prepared to talk about television programmes you enjoy/don't enjoy.

➤ Be prepared to talk about a programme you have seen/heard.

➤ 🅗 Higher Tier students should be able to discuss a topical issue related to the media.

A What do you think?

READ

1 Read these opinions about television programmes that are taken from *iaw!*.

Jenny

Angharad

Dw i'n mwynhau <u>operâu sebon</u> a <u>rhaglenni cerddoriaeth</u> achos maen nhw'n <u>ddiddorol</u>. Dw i'n casáu <u>rhaglenni chwaraeon</u> achos maen nhw'n <u>wastraff amser</u> ac yn <u>ddiflas</u>.

Vocabulary
addysgiadol – *educational*

Fy hoff raglenni ydy <u>cartwnau</u> achos <u>maen nhw'n help i ymlacio</u>.

Rydw i'n gwylio <u>rhaglenni comedi</u> achos <u>maen nhw'n ddoniol</u> ond dydw i ddim yn gwylio <u>rhaglenni addysgiadol</u> achos maen nhw'n <u>ddiflas</u>.

Rory

[Based on articles in *iaw!*, Mehefin 2003, tud. 13]

2 Wyt ti'n cytuno? Pam? *Do you agree? Why?*

3 Change the words that have been underlined to talk about different types of programmes, or even individual programmes, giving different reasons why you like or dislike them.

B Talking about a programme you have seen recently

1 In the next exercise, you are going to prepare a piece about a television programme you have seen recently. Begin by making notes.

Enw'r rhaglen:	....
Pryd oedd hi ar y teledu:	.... (e.g. nos Sadwrn)
Pa fath o raglen:	.... (e.g. rhaglen gerddoriaeth)
Pwy oedd yn y rhaglen:	.... (e.g. roedd ... yn y rhaglen ...)
Barn (opinion)	.... (roedd hi'n ...)

B

2 Now, use these notes to talk about the programme. Start with the words **Gwelais i ...** or **Gwyliais i ...**

If you like, you can write the piece first and memorise it.

Ask someone else if he/she saw the programme – <u>W</u>elaist ti'r rhaglen? / <u>W</u>eloch chi'r rhaglen?

C *The music scene*

WRITE

1 Pwy ydy dy hoff grŵp di? *Who's your favourite group?*

2 Fill in the gaps about your favourite pop group. Then memorise this passage.

Remember
If you're talking about girl members, you will have to use the feminine forms – **dwy, tair, pedair.**

> Fy hoff grŵp i ydy ....
> Yn y grwp, mae .... (2/3/4) fachgen/bachgen a .... (2/3/4) ferch/merch.
> Maen nhw'n canu cerddoriaeth .... (werin/bop/roc/rap).
> Mae ganddyn nhw fideo da iawn/Mae fideo da iawn gyda nhw.
> Ar y fideo mae ....
> Rydw i wedi gweld y grŵp .... (mewn cyngerdd/ar y teledu/ar fideo/ar DVD).
> Maen nhw'n canu'n ....…..... (dda iawn/hyfryd/ardderchog).
> Hoffwn i fynd i weld y grŵp mewn cyngerdd.
> .... chi'n hoffi'r grŵp?

D 🎧 *Topical issues*

SPEAK

1 Trafodwch y gosodiad yma: *Discuss this statement:*

> MAE OPERÂU SEBON YN RHOI ESIAMPL WAEL I BOBL IFANC.

1 Do you agree or disagree – **Ydych chi'n cytuno neu'n anghytuno?**
2 Why? **Pam?**
3 Think of three questions you could ask someone else in the group.

PRACTICE

Try to think of questions to go with these answers.

1 .... Do.
2 .... Naddo.
3 .... Neithiwr.

> Listen to as much Welsh as possible – on the television, on the radio – and the Bitesize video, of course. There are also tapes and CDs for people learning Welsh that could help you.

Leisure

A What do you use the computer for?

> Listen to Welsh cassettes or CDs whenever and wherever you can.
> You will then be able to 'tune in' better during your Welsh exam.

Q What do you use the computer for? Say three sentences in Welsh.

Rydw i'n chwarae gemau.	I play games.
Rydw i'n syrffio'r we.	I surf the web.
Rydw i'n defnyddio bas data.	I use a data-base.
Rydw i'n defnyddio'r cyfrifiadur ...	I use the computer ...
i chwilio am wybodaeth	to search for information
i deipio fy ngwaith cartref	to type my homework
i wneud graffiau a lluniau	to draw graphs and pictures

B Shopping on the web

Remember

byth – *never*
Dydw i byth yn siopa ar y we – *I never shop on the web.*

Rydw i'n siopa ar y we weithiau.	I shop on the web sometimes.
Rydw i'n prynu ...	I buy ...
Rydw i wedi siopa ar y we unwaith.	I've shopped on the web once.
Prynais i ...	I bought ...
Roedd e'n/o'n costio ...	It cost ...
Dydw i ddim yn siopa ar y we.	I don't shop on the web.
Dydw i byth yn siopa ar y we achos ...	I never shop on the web because ...
does gen i ddim cerdyn credyd	I haven't got a credit card
does dim cerdyn credyd gyda fi	I haven't got a credit card
rydw i eisiau gweld beth rydw i'n brynu	I want to see what I'm buying

h

Mae siopa ar y we yn wych achos ...	Shopping on the web is great because ...
mae'n gyfleus	it's convenient
mae'n hawdd	it's easy
Rhaid i chi fod yn ofalus.	You must be careful.
Rhaid i chi wneud yn siŵr bod y wefan yn ddiogel.	You must make sure that the website is safe.

Grammar – I haven't got

Does gen i ddim ... (*no mutation*)   Does dim ... gyda fi (*no mutation*)

Does gen i ddim cerdyn credyd.	*I haven't got a credit card.*	Does dim cerdyn credyd gyda fi.
Does gennyn ni ddim cyfrifiadur.	*We haven't got a computer.*	Does dim cyfrifiadur gyda ni.

Leisure

C Your opinion

Mae cyfrifiaduron ... yn wych yn ddefnyddiol yn hwyl achos ... maen nhw'n rhoi gwybodaeth mae'r gemau'n dda Mae cyfrifiaduron yn gallu bod yn beryglus achos ... mae stafelloedd sgwrsio yn gallu bod yn beryglus mae rhai pobl yn colli arian wrth siopa ar y we	Computers are ... great useful fun because ... they provide information the games are good Computers can be dangerous because ... chat rooms can be dangerous some people lose money shopping on the web

D Chat rooms

Mae'n braf sgwrsio gyda phobl eraill yn y stafelloedd sgyrsio. Rhaid i chi beidio rhoi eich enw, eich cyfeiriad, eich rhif ffôn na'ch oed. Rhaid i chi beidio trefnu cyfarfod â'r person arall.	It's great to chat to other people in the chat rooms. You mustn't give your name, your address, your telephone number or your age. You mustn't arrange to meet the other person.

E Mobile phones

Remember
If you have problems with a specific pattern, don't use it. Stick to the patterns you know and can use well.

Mae gen i ffôn symudol. Mae ffôn symudol gyda fi. Rydw i'n gallu ... siarad â fy ffrindiau unrhyw bryd anfon neges destun unrhyw bryd Rydw i'n defnyddio'r ffôn drwy'r amser. Mae'n costio ... yr wythnos/y mis. Mae'n ddrud. Dydy e/o ddim yn ddrud.	I've got a mobile phone. I've got a mobile phone. I can ... speak to my friends any time send a text message any time I use the phone all the time. It costs ... a week/a month. It's expensive. It isn't expensive.

PRACTICE

1 Write the answer in this speech bubble.

Oes gen ti ffôn symudol?/
Oes ffôn symudol gyda ti?

Leisure

Technology

THE BARE BONES

➤ Be prepared to talk about when and why you use the computer.
➤ You should be able to talk about when and why you use a mobile phone.
➤ **h** Higher Tier students should be able to discuss a topical issue related to technology.

A   A questionnaire

READ

1 In this activity, you are going to tick the correct answer to provide information about how you use the computer. You may tick more than one answer if you wish.

Ticiwch yr atebion cywir.

1 Rydw i'n defnyddio'r cyfrifiadur yn yr ysgol
   a) weithiau ☐
   b) yn aml ☐

2 Yn yr ysgol, rydw i'n defnyddio'r cyfrifiadur
   a) i chwarae gemau ☐
   b) i chwilio am wybodaeth ☐
   c) i wneud fy ngwaith ☐

3 Gartref
   a) mae gen i gyfrifiadur/mae cyfrifiadur gyda fi ☐
   b) does gen i ddim cyfrifiadur/ does dim cyfrifiadur gyda fi. ☐

4 (os ydych chi wedi ticio 3a) Gartref, rydw i'n defnyddio'r cyfrifiadur
   a) i chwarae gemau ☐
   b) i siopa ☐
   c) i wneud fy ngwaith cartref ☐

5 Rydw i'n meddwl bod y cyfrifiadur yn
   a) ddefnyddiol iawn ☐
   b) ddiflas iawn ☐
   c) llawer o hwyl ☐

Remember
Don't use mae or roedd after bod.

SPEAK

2 Say your completed sentences aloud and try to memorise them.

B   Chat rooms

READ

h

1 Read the following opinions which have been taken from the magazine *iaw!*.

> Mae stafelloedd sgwrsio ar y we yn wastraff amser achos dydych chi ddim yn gallu *ymddiried* yn neb.

> Mae stafelloedd sgwrsio ar y we yn wastraff amser – dylech chi wneud hobi arall.

> Mae stafelloedd sgwrsio ar y we yn gyffrous. Dydych chi ddim yn gwybod beth sy'n mynd i ddigwydd nesaf.

(*iaw!* – Ionawr 2003, tud. 13)

Vocabulary
ymddiried yn – *(to) trust*

B

2 Use one of the following expressions to say whether you agree or disagree with these opinions.

> cytuno
> (to) agree

> anghytuno
> (to) disagree

> cytuno'n llwyr
> (to) completely agree

> anghytuno'n llwyr
> (to) completely disagree

C *A phone conversation*

If you are asked to write a conversation, you have a great opportunity to impress the examiner. You can say anything you want – as long as it's relevant. Therefore, use a variety of language patterns, e.g. **Oes?**, **Ydy?**, **Ga' i?**, **Rhaid**, etc. Show off what you know.

WRITE

1 In this activity you are going to write a short phone conversation.

2

> Rydych chi'n clywed bod diwrnod o hwyl yn y ganolfan hamdden. Rydych chi'n ffonio i ofyn am y manylion.
>
> You hear that there's going to be a fun day at the leisure centre. You phone for details.

3 Ysgrifennwch y sgwrs.   *Write the conversation.*

Rhaid i chi ...   *You must ...*

i)   gyflwyno eich hun   *introduce yourself*
ii) ofyn am y diwrnod o hwyl –   *ask about the fun day –*
     pryd? beth? y pris?   *when? what? the price?*
iii) ddiolch a ffarwelio   *say thank you and goodbye*

PRACTICE

Why not send a Welsh-speaking friend an e-mail in Welsh?

Look carefully at the exam instructions and make sure you follow them. Tick off each item as you complete it and do not move on until you have ticked everything that you are supposed to do. The examiner has allocated marks for each item – it would be a pity to lose marks by leaving something out!

Leisure

A Shops

Remember
All shops are feminine in Welsh – siop fawr, siop ddrud, siop dda

siop, siopau	shop,-s	siop y cigydd	the butcher's shop
siop ddillad	clothes shop	siop lysiau	greengrocer's shop
siop fwyd	grocer's shop	archfarchnad	supermarket
siop lyfrau	bookshop	marchnad	market
siop fara	bread shop	canolfan siopa	shopping centre

prynu	(to) buy	rhad	cheap
gwerthu	(to) sell	rhesymol	reasonably priced
gwario	(to) spend	drud	expensive

Remember
Never use rhy with gormod. Gormod means *too much*.

Grammar – too
rhy + *soft mutation*

rhy ddrud	too expensive
rhy brysur	too busy

B Shopping – good or bad?

Q Express an opinion about shopping and give a reason.

Rydw i'n mwynhau siopa'n fawr.	I enjoy shopping very much.
Rydw i wrth fy modd yn siopa achos ...	I love shopping because ...
rydw i'n hoffi cael pethau newydd	I like having new things
mae'n hwyl	it's fun

Mae'n gas gen i siopa achos ...	I hate shopping because ...
Mae'n gas gyda fi siopa achos ...	I hate shopping because ...
dydw i ddim yn hoffi gwario arian	I don't like spending money
does gen i ddim arian/does dim arian gyda fi	I haven't got any money
Mae'n well gen i aros gartref na siopa!	I prefer staying at home to shopping.
Mae'n well gyda fi wylio pêl-droed na siopa.	I prefer watching football to shopping.

Grammar – I prefer
Mae'n well gen i ... (+ *soft mutation*) na ...
Mae'n well gyda fi ... (+ *soft mutation*) na ...

Mae'n well gen i wneud pethau eraill.	I prefer doing other things.
Mae'n well gyda fi wneud pethau eraill.	I prefer doing other things.
Mae'n well gen i wneud gwaith cartref na siopa!	I prefer doing homework to shopping!
Mae'n well gyda fi brynu dillad na bwyd.	I prefer buying clothes to food.

Image

C   Shopping – where to go and what to buy

Ble wyt ti'n siopa?/Ble ydych chi'n siopa?	*Where do you go shopping?*
Rydw i'n siopa yn … fel arfer.	*I usually go shopping in …*
Mae siopau da iawn yn Abertawe, er enghraifft …	*There are very good shops in Swansea, e.g. …*
Mae Canolfan Siopa Dewi Sant yn dda achos …	*St David's Shopping Centre is good because …*
mae'n lân ac yn olau	*it's clean and light*
mae digon o le yno	*there's plenty of room there*
mae digon o ddewis yno	*there's plenty of choice there*
Weithiau, rydw i'n prynu …	*I sometimes buy …*
Fel arfer rydw i'n gwario tua …	*I usually spend about …*

D   Shopping – where not to go

Dydy canolfan siopa … ddim yn dda iawn achos …	*… shopping centre isn't very good because …*
mae hi'n rhy brysur/swnllyd	*it's too busy/noisy*
mae popeth yn ddrud iawn	*everything is very expensive*
mae pethau'n rhy ddrud	*things are too expensive*

E   Money matters

During the oral exam if you say that you earn a certain amount of money doing part-time work, someone will probably ask you about your work. Be prepared!

Faint o arian wyt ti'n/ydych chi'n wario?	*How much money do you spend?*
Faint o arian poced wyt ti'n/ydych chi'n gael?	*How much pocket money do you get?*
Rydw i'n cael £… bob wythnos.	*I get £… every week.*
Rydw i'n ennill £… ar ddydd Sadwrn.	*I earn £… on Saturday.*
Pum punt yr wythnos.	*Five pounds per week.*
Rydw i'n gwario'r arian ar …	*I spend the money on …*
Faint mae … yn gostio?	*How much does … cost?*
Mae … yn costio …	*… costs …*

PRACTICE

List
- five **verbs** (doing words) associated with shopping, e.g. to spend, to buy, to meet etc.
- five words associated with **what you buy**, e.g. clothes, CDs, videos etc.
- three adjectives (describing words) associated with shopping, e.g. expensive, cheap, reasonable etc.

> Why not make lists of words associated with different topics, e.g. holidays, shopping, fashion etc.?

Image

Shops and shopping

➤ Make sure that you know enough vocabulary associated with shopping.
➤ Be prepared to talk or write about a specific shopping outing in the past.
➤ Know how to say the price in Welsh.

A   A shopping expedition

READ

1 Read the following conversation.

Catrin: Rydw i'n chwilio am esgidiau glas, **maint** pump.
Siopwr: Iawn. Beth am y rhain?
Catrin: Na – maen nhw'n rhy uchel.
Siopwr: Y rhain?
Catrin: Na, rhy isel.
Siopwr: Mae'r esgidiau yma'n neis iawn.
Catrin: Faint ydyn nhw?
Siopwr: Pum deg punt.
Catrin: Rhy ddrud.
Siopwr: Beth am y rhain?
Catrin: Faint ydyn nhw?
Siopwr: Dau ddeg punt – maen nhw ar y sêl.
Catrin: Maen nhw'n rhesymol, ond ... maen nhw'n rhy las.
Siopwr: O?!?!?
Catrin: Beth am y rheina? Maen nhw'n neis iawn ... ac maen nhw'n rhad iawn ... ac maen nhw'n **gyfforddus** iawn hefyd.
Siopwr: Ond mae'r rheina'n goch!
Catrin: Ydyn. Rydw i'n hoffi coch.

Vocabulary
maint – *size*
yn gyfforddus – *comfortable*

1 In Welsh, list four reasons why Catrin refuses the shoes that are offered.
2 In Welsh, note two good things she says about some of the shoes.

Grammar – this, that, these, those

this + noun *these* + noun	y siop **yma**, yr esgid **yma** y siopau **yma**, yr esgidiau **yma**	*this shop, this shoe* *these shops, these shoes*
that + noun *those* + noun	y siop **yna**, yr esgid **yna** y siopau **yna**, yr esgidiau **yna**	*that shop, that shoe* *those shops, those shoes*
this one *these* (ones) (no other noun)	**hwn** (masc.), **hon** (fem.) y **rhain**	
that one *those* (ones) (no other noun)	**hwnna** (masc.), **honna** (fem.) y **rheina**	

WRITE

2 Now, write a short dialogue between two people in a clothes shop. Use these expressions in your dialogue.

Ga' i helpu?	Pa faint?	Pa liw?	Beth am hwn?	Na, dim diolch.
May I help?	*What size?*	*What colour?*	*What about this one?*	*No thanks.*

B How much?

SPEAK

Remember
Carefully revise
how to talk
about money in
Welsh. Go to
page 41.

1 Say the following prices in Welsh.

| 60p | 75p | £2.99 | £4.50 |

| £6.75 | £29.50 | £99.99 |

C Internet shopping

READ

1 You are now going to read a passage and answer questions.

> **Darllenwch y darn yma ac atebwch y cwestiynau sy'n dilyn.**
> **Read this passage and answer the questions that follow.**

Siopa o'ch cartref

Ydych chi wedi siopa ar y we? Mae'n boblogaidd. Mae'n gyflym. Mae'n bosibl prynu unrhyw beth bron – bwyd, gwyliau, tocynnau i'r theatr, dillad, teganau – ac wrth gwrs, llyfrau – heb fynd o'ch cartref.

Ydy, mae siopa ar y we yn hawdd ac mae llawer o ddewis. Ond mae un broblem – dydych chi ddim yn gallu gweld beth rydych chi'n brynu. Mae rhai pobl yn poeni am ddefnyddio'r we achos maen nhw'n ofni colli arian. Ac wrth gwrs, dydy pawb ddim yn gallu prynu ar y we achos does ganddyn nhw ddim cyfrifiadur!

Beth amdanoch chi?

Atebwch y cwestiynau yma <u>yn Gymraeg</u>.
Answer these questions <u>in Welsh</u>.

1 Beth ydy'r pwyntiau da a'r pwyntiau drwg am siopa ar y we?
2 Ydych chi wedi siopa ar y we? Os ydych chi, beth brynoch chi?
3 Beth ydych chi'n feddwl o siopa ar y we?

PRACTICE

You are doing some market research into shopping trends. Think of suitable questions to include in a questionnaire. Use the following words.

- Ble?
- Beth?
- Faint?
- Ydych chi'n?

Learn a range of questions and answers – they will be very useful if you're asked to write a dialogue, e.g.

Wyt ti'n?	Ydw or Nac ydw
Ydych chi'n?	Ydw/Ydyn or Nac ydw/Nac ydyn
Oes?	Oes or Nac oes
Ga' i?	Cei/Cewch or Na chei/Na chewch
Oedd hi'n?	Oedd or Nac oedd

Image

A Clothes

Masculine		Feminine	
trowsus	*trousers*	tracwisg	*tracksuit*
siorts	*shorts*	siwmper	*jumper*
jîns	*jeans*	sgert	*skirt*
crys	*shirt*	ffrog	*dress*
crys T	*T shirt*	cot	*coat*
crys chwys	*sweat shirt*	siaced	*jacket*
tei	*tie*	het	*hat*
cap	*cap*	hosan, sanau	*sock,-s*
treinyr,-s	*trainers*	esgid,-iau	*shoe,-s*

B Describing clothes

hir	*long*	byr	*short*
llac	*loose*	tynn	*tight*
hen	*old*	newydd	*new*
tywyll	*dark*	golau	*light*
un lliw	*one colour*	lliwgar	*colourful*
cyfforddus	*comfortable*	anghyfforddus	*uncomfortable*
plaen	*plain*	streipiog	*striped*
		patrymog	*patterned*

Q List suitable words to describe the current fashion.

Remember
Use colours in your descriptions.

Q Make a list of what you are wearing today. Add colours and describing words.

Grammar – adjectives
noun + (describing) words

Masculine		Feminine singular	
crys glas	*a blue shirt*	sgert las	*a blue skirt*
trowsus lliwgar	*colourful trousers*	ffrog liwgar	*a colourful dress*
esgidiau coch	*red shoes*	esgid goch	*a red shoe*

Grammar – some describing words come before the noun:
hen, hoff (also cas and prif)

hen: hen grys	*an old shirt*
hoff: hoff esgidiau	*favourite shoes*

Pa fath o ddillad wyt ti'n hoffi?	*What kind of clothes do you like?*
Pa fath o ddillad dwyt ti ddim yn hoffi?	*What kind of clothes don't you like?*
Pam?	*Why?*

Image

C Fashion

Remember
Try to learn some words associated with what's fashionable.

Wyt ti'n dilyn y ffasiwn?	*Do you follow the fashion?*
Disgrifia'r ffasiwn.	*Describe the fashion.*
Mae gwisgo ... yn ffasiynol	*Wearing ... is fashionable.*
Mae (...) yn ffasiynol.	*(...) are fashionable.*
Dydy ... ddim yn ffasiynol.	*... isn't fashionable.*
Mae'r ffasiwn yn hyfryd.	*The fashion is lovely.*
Dydw i ddim yn hoffi'r ffasiwn ar hyn o bryd.	*I don't like the current fashion.*

Mae dilyn y ffasiwn yn bwysig achos ...	*It's important to follow the fashion because ...*
mae pobl yn sylwi	*people notice*
mae'n bwysig bod yn cŵl	*it's important to be cool*
mae'n braf bod fel eich ffrindiau	*it's nice to be like your friends*
mae'n braf creu argraff	*it's nice to create an impression*

Dydy dilyn y ffasiwn ddim yn bwysig	*Following the fashion isn't important.*
Mae bod yn gyfforddus yn fwy pwysig.	*Being comfortable is more important.*
Mae dilyn y ffasiwn yn gallu bod yn ddrud, e.e. ...	*Following the fashion can be expensive, e.g. ...*

PRACTICE

Find five items of clothing in this snake.

Now, find five describing words in this snake.

Now link the describing words to the items of clothing.

Image

Fashion and fashion accessories

THE BARE BONES

➤ Make sure that you know plenty of vocabulary associated with fashion.

➤ Be prepared to express an opinion about fashion.

Try to learn whole phrases off by heart – not just single words.

A Opinions about current fashion

READ

1 Read these teenage opinions.

> a Mae'r ffasiwn yn hyfryd.

> b Dydw i ddim yn hoffi'r ffasiwn ar hyn o bryd.

> c Rydw i'n hoffi gwisgo'n smart i fynd allan gyda fy ffrindiau.

> d Dydw i ddim yn gwisgo'n smart iawn fel arfer.

> e *h* Mae dilyn y ffasiwn yn bwysig.

> f *h* Dydy dilyn y ffasiwn ddim yn bwysig o gwbl.

1 Do you agree with **a** or **b**? Say what in particular you like/dislike and why.

2 Do you agree with **c** or **d**? Describe exactly what you like to wear and why.

3 *h* Do you agree with **e** or **f**? Give two reasons to support your opinion.

B What to wear

SPEAK

1 Describe in Welsh what you wear to the following.

a parti yn nhŷ ffrind.

b yr ysgol

c diwrnod-dim-gwisg-ysgol yn yr ysgol

d gêm bêl-droed

e cinio mewn gwesty smart

Image

c The news

During the listening exam, Higher Tier candidates will probably have to listen to news items being read in Welsh and tick specific boxes to show which pictures correspond to the headlines.

1 Darllenwch benawdau'r newyddion. Rhowch ✓ yn y blychau perthnasol i ddangos y lluniau sy'n cyfateb i'r penawdau.

Read the following news headlines. Put a ✓ in the appropriate boxes to show the pictures that correspond to the headlines.

Vocabulary

cynllunydd –
designer
cynllunio –
(to) design

1 Mae'r **cynllunydd**, Dolores Smith, wedi ennill y wobr gyntaf yn Sioe Ddillad Paris. Mae hi wedi ennill pum mil o bunnau am **gynllunio** siwtiau du, coch a gwyn ar gyfer dynion a merched. 'Rydw i'n edrych ymlaen at weld dynion a merched Cymru yn gwisgo'r siwt tri lliw,' meddai Dolores.

a ☐ b ☐ c ☐ d ☐ e ☐

2 Bydd ffatri ddillad yn ardal Aberystwyth yn cau dydd Sadwrn yma achos bod y cwmni yn symud y gwaith i India a Malaysia. Bydd cant pedwar deg o bobl yn colli eu swyddi. 'Mae hyn yn newyddion trist i'r ardal,' meddai William Jones, un o'r gweithwyr.

a ☐ b ☐ c ☐ d ☐ e ☐

Cambrian News — 150 O BOBL YN COLLI GWAITH

Cambrian News — GWAITH YN DOD O INDIA I ABERYSTWYTH

Cambrian News — MWY O WAITH I BOBL ABERYSTWYTH

Cambrian News — COLLI SWYDDI YN ARDAL ABERYSTWYTH

Cambrian News — NEWYDDION DA I ABERYSTWYTH

Answer these questions.

1 Disgrifia dy hoff ddillad.

2 Pryd wyt ti'n gwisgo'r dillad yma?

You will gain more marks if you add time and place expressions to your sentences.

Image

A Keeping fit

Rydw i'n heini – rydw i'n …
  chwarae pêl-droed bob wythnos
  chwarae hoci i dîm yr ysgol
  rhedeg bob dydd
Mae fy nheulu i'n heini iawn – rydyn ni'n …
  cerdded llawer
  nofio bob wythnos
	I'm fit – I …
	  play football every week
	  play hockey for the school team
	  run every day
	My family is very healthy – we …
	  walk a lot
	  swim every week

Dydw i ddim yn heini iawn –
  dydw i ddim yn nofio'n aml
  dydw i ddim yn chwarae pêl-droed
Mae'n well gen i wylio'r teledu na nofio.
Mae'n well gyda fi syrffio'r we na mynd i'r gampfa.
Dydy fy nheulu i ddim yn heini iawn – dydyn ni ddim yn …
  cerdded llawer
  nofio bob wythnos
	I'm not very fit –
	  I don't swim often
	  I don't play football
	I prefer watching the TV to swimming.
	I prefer surfing the web to going to the gym.
	My family isn't very fit – we don't …
	
	  walk a lot
	  swim every week

B What you must do … and what you mustn't do

Grammar – must
rhaid + *soft mutation*

Rhaid i fi gerdded mwy.	*I must walk more.*
Rhaid i chi fynd i'r gampfa.	*You must go to the gym.*

Grammar – mustn't
rhaid i … beidio (*no mutation after* beidio)

Rhaid i fi beidio ysmygu.	*I mustn't smoke.*
Rhaid i ti beidio gwylio'r teledu drwy'r dydd.	*You mustn't watch the TV all day.*

c   Food

Ffrwythau

afal, afalau	*apple,-s*	melon, melonau	*melon,-s*
oren, orennau	*orange,-s*	tomato, tomatos	*tomato,-es*
banana, bananas	*banana,-s*	grawnwin	*grapes*
pinafal, pinafalau	*pineapple,-s*	mefus	*strawberries*
gellygen, gellyg	*pear,-s*	mafon	*raspberries*
satsuma, satsumas	*satsuma,-s*	eirin gwlanog	*peaches*
lemon, lemonau	*lemon,-s*		

Llysiau

letys	*lettuce*	ffa pob	*baked beans*
salad	*salad*	ffa dringo	*green beans, runner beans*
tatws	*potatoes*	blodfresych	*cauliflower*
moron	*carrots*	sgewyll/sbrowts	*sprouts*
pys	*peas*	winwns/nionod	*onions*
india-corn	*sweetcorn*	madarch	*mushrooms*
		panas	*parsnips*

Rydw i'n bwyta'n iach.	*I eat healthily.*
Rydw i'n bwyta pump o ffrwythau neu lysiau bob dydd.	*I eat five fruit or vegetables each day.*
I frecwast, rydw i'n bwyta ...	*For breakfast, I eat ...*
I ginio, rydw i'n bwyta ...	*For supper, I eat ...*
Rydw i'n bwyta amrywiaeth o fwyd bob dydd, er enghraifft ...	*I eat a variety of food every day, for example ...*

mwy o (+ *soft mutation*)	*more*	llai o (+ *soft mutation*)	*less*
cymaint o (+ *soft mutation*)	*as much*		
digon o (+ *soft mutation*)	*plenty/enough*	dim digon o (+ *soft mutation*)	*not enough*
gormod o (+ *soft mutation*)	*too much*	ychydig o (+ *soft mutation*)	*a little*

Q List the different fruit and vegetables you like.

Q List five other items of food, e.g. bread, meat, milk, eggs, butter, bacon, etc.

Q Think of a sentence using three of these expressions.

PRACTICE

Fill in the gaps with the correct forms of the words contained in brackets:

1 Rhaid i chi .... (rhedeg).

2 Rhaid i chi beidio .... (dal y bws).

3 Rhaid i ni .... (cerdded mwy).

4 Rhaid i fi .... (mynd i'r gampfa).

5 Rhaid i fi beidio .... (bwyta gormod).

Image

Keeping fit and healthy

THE BARE BONES

➤ Make sure that you know plenty of vocabulary associated with healthy food and keeping fit.

➤ Be prepared to talk about yourself and your friends/family – are you healthy?

➤ You could offer advice on a healthy lifestyle (**rhaid/dylech chi**).

➤ You could offer an opinion on specific activities, e.g. going to the gym, jogging etc.

A Keeping fit

1 What are the Welsh words for the following?

SPEAK

2 Which of these activities do you regularly do?

In Welsh say how often you do these.

bob dydd	every day	bob nos Wener	every Friday night
bob nos	every night	bob wythnos	every week
bob dydd Sadwrn	every Saturday	yn aml	often
		dydw i byth yn ...	I never ...

B Healthy and unhealthy

Q List five items of food that you like. When do you eat these foods? Are they healthy or unhealthy?

1 Classify the following foods.

Mae ... yn iach.	Mae ... yn afiach.

Image

B

2 How often do you eat these foods? Be honest!

3 In order to improve your diet, what must you do? Write three suggestions in Welsh.

> Dylwn i fwyta mwy o ...
> *I should eat more ...*

> Dylwn i fwyta llai o...
> *I should eat less...*

WRITE

C   *What you should do*

Grammar – should

Dylwn i fwyta mwy o ffrwythau.	*I should eat more fruit.*
Dylet ti fwyta llai o siocled.	*You should eat less chocolate.*
Dylech chi fwyta'n iach.	*You should eat healthily.*

Grammar – shouldn't

Ddylwn i ddim bwyta siocled.	*I shouldn't eat chocolate.*
Ddylet ti ddim bwyta gormod o halen.	*You shouldn't eat too much salt.*
Ddylech chi ddim bwyta gormod o sglodion.	*You shouldn't eat too many chips.*

Remember
Don't use yn with dylwn, dylech etc.

READ

1 Read this incomplete poster from a Leisure Centre which advertises Healthy Living courses. Then fill in the gaps.

Vocabulary
pwyso gormod – (to) weigh too much

Q Am faint o'r gloch mae'r cwrs?

CYRSIAU BYW'N IACH

Wyt ti wedi blino drwy'r amser?
    Wyt ti eisiau bod yn fwy tenau?
Wyt ti'n **pwyso gormod**?
    Wyt ti eisiau bod yn heini?
        Wel...
Dylet ti ....
Dylet ti ...
Dylet ti ...
Dylet ti ...

WYT TI EISIAU HELP?
BETH AM DDOD I'R CYRSIAU BYW'N IACH
BOB BORE MERCHER 9.00–11.00

PRACTICE

Think of three questions associated with keeping fit and healthy you could ask in the oral exam.

> In the exam, the number of marks for each answer is given in brackets. This will give you an idea of how much detail is needed. Marks are also awarded for correct spelling and expression, so be careful.

Image

A Rules, rules, rules

Remember
There is a soft mutation after **Rhaid i ni.**
There is no mutation after **Rhaid i ni beidio.**

Q Cover the English column to see whether you know what the Welsh sentences are.

Underline and learn the expressions that are relevant to you.

At home

Rhaid i fi helpu o gwmpas y tŷ.	*I must help around the house.*
Rhaid i fi wneud fy ngwaith cartref bob nos.	*I must do my homework every night.*
Rhaid i fi weithio bob nos.	*I must work every night.*
Rhaid i fi fod gartre erbyn deg o'r gloch bob nos.	*I must be home by ten o'clock every night.*

At school

Mae gormod o reolau yn yr ysgol, er enghraifft ...	*There are too many school rules, for example ...*
Rhaid i ni fod yn yr ysgol erbyn chwarter i naw.	*We have to be at school by a quarter to nine.*
Rhaid i ni wisgo gwisg ysgol.	*We have to wear school uniform.*
Rhaid i ni beidio ysmygu.	*We mustn't smoke.*
Rhaid i ni beidio gwisgo gemau.	*We mustn't wear jewellery.*
Rhaid i ni beidio gwisgo colur.	*We mustn't wear make-up.*
Rhaid i ni beidio gadael yr ysgol amser cinio.	*We mustn't leave the school at lunch time.*
Mae'r rheolau'n eitha llym.	*The rules are quite strict.*

B Expressing an opinion

Q Make a list of your school rules – the Dos and the Don'ts!

Mae'r rheolau'n deg.	*The rules are fair.*
Mae'n bwysig cadw at y rheolau.	*It's important to keep to the rules.*
Mae'r rheolau'n hen ffasiwn.	*The rules are old fashioned.*
Mae'r rheolau'n dwp.	*The rules are stupid.*
Does dim angen rheolau. Nid plant bach ydyn ni.	*We don't need rules. We're not little children.*

Grammar – yn fy marn i

Mae'r rheolau'n deg.	*The rules are fair.*	Yn fy marn i, mae'r rheolau'n deg.	*In my opinion, the rules are fair.*
Mae'r rheolau'n dwp.	*The rules are stupid.*	Yn fy marn i, mae'r rheolau'n dwp.	*In my opinion, the rules are stupid.*

Image

C Smoking

Remember
Learn the sentences that are relevant to you and learn how to spell them correctly.

Rydw i'n ysmygu ... sigarét y dydd.	I smoke ... cigarettes a day.
Dydw i ddim yn ysmygu ond mae fy ffrindiau i'n ysmygu – mae'n anodd!	I don't smoke but my friends smoke – it's difficult!
Mae ysmygu'n dwp.	Smoking is stupid.
Mae ysmygu'n lladd!	Smoking kills!
Mae ysmygu'n ddrwg i chi.	Smoking is bad for you.
Rydw i'n meddwl bod ysmygu'n (ofndawy).	I think that smoking is (awful).

D Alcohol

Dydw i ddim yn yfed alcohol.	I don't drink alcohol.
Rydw i'n yfed diodydd ysgafn.	I drink soft drinks.
Mae fy ffrindiau i'n yfed alcohol.	My friends drink alcohol.
Mae gormod o bobl ifanc yn yfed alcohol.	Too many young people drink alcohol.
Mae gormod o bobl yn meddwi.	Too many people get drunk.
Mac alcohol yn achosi llawer o broblemau.	Alcohol causes lots of problems.

E Drugs

Dydw i ddim yn cymryd cyffuriau.	I don't take drugs.
Dydy fy ffrindiau i ddim yn cymryd cyffuriau.	My friends don't take drugs.
Mae cyffuriau'n beryglus.	Drugs are dangerous.
Mae gormod o bobl ifanc yn cymryd cyffuriau.	Too many young people take drugs.
Mae cyffuriau'n broblem fawr.	Drugs are a major problem.
Mae cyffuriau'n achosi llawer o broblemau, er enghraifft ...	Drugs cause a lot of problems, for example ...

PRACTICE

Express an opinion on school rules. Back up what you say with a good reason, e.g.

> Yn fy marn i, mae rheolau ysgol yn dwp achos rhaid i ni wisgo dillad hen ffasiwn a diflas. Mae'n well gen i wisgo dillad cŵl!

Image

Teenage issues

THE BARE BONES

➤ Make sure that you can talk about school rules in Welsh.

➤ Be prepared to express an opinion about smoking, alcohol and drugs.

➤ **h** Higher Tier candidates should be able to talk in greater detail about these topics.

A School rules

SPEAK

1 What are these school rules?

2 In Welsh, say what you think of these rules.

B What do you think?

Remember
Don't use **mae** or **rydw i** or any other form of the verb with **bod**.

| **Grammar –** | **meddwl bod** – *to think that*   **credu bod** – *to believe that* |
| | **cytuno bod** – *to agree that* |

Rydw i'n **meddwl bod** ysmygu'n dwp.	*I think that smoking is stupid.*
Rydw i'n **credu bod** ysmygu'n dwp.	*I believe that smoking is stupid.*
Rydw i'n **cytuno bod** ysmygu'n dwp.	*I agree that smoking is stupid.*

C Problem, problem

READ

1 Read one of these letters to a teenage magazine and do the tasks that follow. The first letter is intended for the Foundation Tier, the second for the Higher Tier.

Q Use **meddwl bod** to express an opinion about taking drugs.

> 3 Stryd y Farchnad
> Abermawr
> 3 Mehefin
>
> Annwyl Jackie Q
>
> Mae gen i ffrindiau gwych, ond pan ydw i'n mynd allan gyda nhw ar nos Sadwrn, maen nhw'n yfed alcohol ac maen nhw'n ysmygu. Mae hyn yn dwp achos mae alcohol ac ysmygu yn ddrwg i chi.
>
> Mae problem arall hefyd. Maen nhw'n dweud, 'Sam, rhaid i ti ysmygu'. Rydw i'n dweud, 'Dim diolch.' Yna, maen nhw'n canu, 'Babi Mami, Babi Mami.' Dydy hyn ddim yn neis iawn!
>
> Sam

c

Remember
If you are asked
to write a letter
always use the
correct format.
Check the
formats you
have been given.

2 Atebwch y cwestiynau yma. Answer these questions.

a Pryd mae Sam yn mynd allan gyda'i ffrindiau?
b Ydy Sam yn ysmygu?
c Beth mae ffrindiau Sam eisiau i Sam wneud?
d Ydych chi'n meddwl bod ffrindiau Sam yn ffrindiau da?

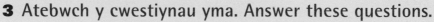

> 3 Stryd y Farchnad
> Abermawr
> 3 Mehefin
>
> Annwyl Jackie Q
>   Mae gen i ffrindiau gwych ac rydyn ni'n cael llawer o hwyl fel arfer. Ond pan
> rydyn ni'n mynd allan ar nos Sadwrn, maen nhw'n ysmygu ac yn yfed alcohol.
> Maen nhw'n meddwl bod hyn yn cŵl, ond rydw i'n meddwl bod ysmygu ac yfed
> alcohol yn dwp achos maen nhw'n ddrwg i chi.
>   Mae problem arall hefyd. Mae fy ffrindiau i eisiau i mi ysmygu ac yfed a dydw i
> ddim eisiau. Maen nhw'n ceisio fy mherswadio i, 'Dim ond un bach, Sam', 'Beth
> am sigarét fach, Sam?'. Mae'n anodd iawn.
>   Beth ddylwn i wneud?
>
>   Sam

3 Atebwch y cwestiynau yma. Answer these questions.

a Beth mae Sam yn feddwl am ysmygu ac yfed gormod?
b Ydych chi'n cytuno?
c Beth ydy problem Sam?
d Atebwch gwestiwn Sam, 'Beth ddylwn i wneud?'.

PRACTICE

Using **Rydw i'n meddwl bod** a **Rydw i'n credu
bod**, express two opinions about smoking.

> Take care – marks are awarded
> for both content and language.
> Try to make sure that your
> spelling is correct and that you
> have a verb in each
> sentence, e.g. *mae, roedd,*
> etc.

Image

A Holidays in Wales

Q Choose five words from the first column in the first grid and add a describing word, e.g. **mynyddoedd hardd.**

mynydd,-oedd	*mountain,-s*	llety	*accommodation*
llwybr,-au	*path,-s*	tŷ, tai	*house,-s*
glan y môr	*seaside*	carafán, carafanau	*caravan,-s*
golygfa, golygfeydd	*scenery/sights*	bwthyn, bythynnod	*cottage,-s*
llyn,-noedd	*lake,-s*	gwesty, gwestai	*hotel,-s*
castell, cestyll	*castle,-s*	llety gwely a brecwast	*bed and breakfast*
tref,-i	*town,-s*		*accommodation*
pentref,-i	*village,-s*	pabell	*tent*
dinas,-oedd	*city, cities*	gwersylla	*camping/(to) camp*
lle,-oedd	*place,-s*	aros	*(to) stay*

mawr	*big/large*	hyfryd	*lovely*
bach	*small/little*	hardd/prydferth	*beautiful*
da	*good*	pert	*pretty*
glân	*clean*	hen	*old*
diddorol	*interesting*	modern/newydd	*modern/new*

B What is there to do?

Remember
Hen comes before a noun and causes a soft mutation – hen gestyll.

Yng Nghymru, rydych chi'n gallu ...	In Wales, you can ...
mynd i lan y môr	*go to the seaside*
dringo mynyddoedd	*climb mountains*
syrffio	*surf*
hwylio	*sail*
cael gwyliau da i'r teulu	*have a lovely family holiday*
gweld pethau diddorol	*see interesting things*
mynd i leoedd diddorol	*go to interesting places*

Q Can you fill in some of the gaps (...)? Say these examples aloud and try to memorise them.

Mae'r ... yn hardd.	*The ... is/are beautiful.*
Mae ffair fawr yn	*There's a large fair at ...*
Mae traeth da yn ...	*There's a good beach at ...*
Mae ... yn boblogaidd.	*... is popular.*
Mae plant a phobl ifanc yn mwynhau ...	*Children and young people enjoy ...*

Wales.com

C A bit of persuasion

Q Think of three reasons why someone should come to Wales on holiday. Try to memorise these.

If you can't think of the word you want, think of another instead, e.g. if you can't remember 'Wales is interesting', you could say 'Wales is great'.

Beth am ddod i Gymru?	*What about coming to Wales?*
Beth am fynd i … neu i …?	*What about going to … or to …?*
Mae Cymru yn wych/yn ddiddorol.	*Wales is great/interesting.*
Mae gwyliau yng Nghymru yn hwyl/yn ardderchog.	*Holidays in Wales are fun/excellent.*
Dewch i weld y mynyddoedd.	*Come to see the mountains.*
Byddwch chi wrth eich bodd yma.	*You'll love it here.*
Bydd y plant yn hapus iawn.	*The children will be very happy.*
Mae'r bwyd/tywydd yn ardderchog.	*The food/weather is excellent.*

D Asking for information

Remember
If there's ydy in the question, there's ydy in the answer.
If there's oes in the question, there's oes in the answer.

Ydy'r tywydd yn braf yng Nghymru? *Is the weather fine in Wales?*	**Ydy.** *Yes.* **Ydy,** mae'r tywydd yn braf bob amser. *Yes, it's always fine.*
Ydy hi'n oer iawn yn y gaeaf? *Is it very cold in winter?*	**Nac ydy.** *No.* **Nac ydy,** dydy hi ddim yn oer iawn. *No, it isn't very cold.*
Oes llawer o bethau i wneud? *Are there many things to do?*	**Oes.** *Yes.* **Oes,** mae llawer o bethau i wneud fel … *Yes, there are many things to do, such as …*
Oes castell yn Y Rhyl? *Is there a castle at Rhyl?*	**Nac oes.** *No.* **Nac oes,** does dim castell yn Y Rhyl. *No, there isn't a castle at Rhyl.* **Nac oes,** ond mae castell yn Harlech. *No, but there's a castle at Harlech.*

PRACTICE

Match the questions and answers.

1 Ydy Caerdydd yng Nghymru?	a Yn y gorllewin
2 Ble mae Portmeirion?	b Oes
3 Pryd mae'r Eisteddfod?	c Ar y trên
4 Sut mae mynd i Gaerdydd?	d Ym mis Awst
5 Oes llawer o bethau i wneud?	e Ydy

You will be able to use some of the examples on these pages when talking or writing about your area or holidays in general.

Wales.com

Holidays in Wales

THE BARE BONES

➤ Make sure that you know a range of vocabulary to describe holidays in Wales.

➤ Be prepared to try to persuade someone to spend their holiday in Wales.

➤ Make sure that you can talk about a holiday in Wales or a trip to somewhere in Wales in the past.

A Asking questions

Make sure that you answer every part of a question. When you have completed one part, e.g. the first bullet point, tick it. Then you can move on to the next bullet point.

WRITE

1 During the exam you could be asked to write a dialogue between a tourist and someone working for the tourist board.

Look at these questions.

> Ble mae?
> Where is?

> Ydy ...?
> Is ...?
> Are ...?

> Pryd mae ...?
> When is ...?

> Oes ...?
> Is there a ...?
> Are there any ...?

> Faint ydy ...?
> How much is ...?

a Using each expression, write at least one question to ask about holidays in Wales.

b Answer the question you have just asked.

c Try some more persuasion. Tell the tourist to do the following. Use the command forms:

come and see ....

enjoy the show ....

go and see Cardiff Castle ....

Grammar – command forms *Command forms are often used when trying to persuade someone to do something and in advertisements.*

Chi *forms end in* –wch.
Ti *forms usually end in* –a.

Bwytwch hufen iâ o Gymru.	*Eat Welsh ice cream.*
Mwynhewch y ffair yn Y Rhyl.	*Enjoy the fair at Rhyl.*
Ewch i ...	*Go to ...*
Dewch i ...	*Come to ...*
Bwyta hufen iâ o Gymru.	*Eat Welsh ice cream.*
Mwynha'r ffair yn Y Rhyl.	*Enjoy the fair at Rhyl.*
Dos i .../Cer i ...	*Go to ...*
Tyrd i .../Dere i ...	*Come to ...*

Remember
When writing a dialogue bring in some command forms. Try and impress the examiner!

Wales.com

B Different holidays

It doesn't matter if you don't understand every word in a passage.
Try to get the gist of what is written.

READ

Vocabulary
amgueddfa –
museum
gweithgareddau
– *activities*
yn beryglus –
dangerous

Q Which
advert contains
a warning?
What is the
warning?

1 Read these advertisements.

Y RHYL
DIGON O HWYL I'R TEULU

ffair gyffrous
siopau gwych

Yr Heulfan – pwll nofio
gwych

disgos, clybiau a digon o
bethau i wneud yn y nos

sinema   theatr
traeth da iawn

DEWCH I WELD

BANNAU BRYCHEINIOG
(*The Brecon Beacons*)

Mae Bannau Brycheiniog yn
hyfryd iawn ac mae llawer o
bethau i wneud yma, e.e.

cerdded beicio merlota

dringo   hwylio

canŵio pysgota

COFIWCH:
MAE RHAI O'R
GWEITHGAREDDAU'N GALLU
BOD YN BERYGLUS.

BYDDWCH YN OFALUS!

ABERYSTWYTH
GWYLIAU GWYCH
AR GYFER Y TEULU!

traeth da
digon o siopau

amgueddfa ddiddorol
hen gastell

sinema   theatr
(sioe bob haf!)

BETH AM FYND AR DAITH
AR Y TRÊN BACH?
MAE'R WLAD YN HARDD IAWN.

Pwy sy'n mynd ble?
Which person fits which holiday advertisement?

> Mae'r clwb ieuenctid eisiau
> gwyliau cyffrous. Rydyn ni'n
> hoffi gwneud pethau tu allan.

Lucy

> Dydw i ddim yn hoffi gwyliau
> ar lan y môr o gwbl. Rydw i'n
> hoffi cerdded a beicio.

Simon

> Rydw i'n hoffi siopa a mynd i'r ffair.

Rhian

> Trenau ydy fy hobi i.

Huw

PRACTICE

Think of a specific area of Wales – your area if
you like.

What Welsh words and expressions would you
include in an advert to describe the area?

Why not look at tourist
brochures of Wales and see if
you can describe what you see
in the photographs? This would
be a good way of revising your
vocabulary and language
patterns, and you could also
learn more about
holidays in Wales.

Wales.com

A Famous Welsh people

Remember
You will not need to learn all these examples. Choose a few from each section or concentrate on the ones you have learnt in class.

Cymro	a Welsh boy/man	Cymru	Wales
Cymraes	a Welsh girl/lady	Cymraeg	the Welsh language
Cymry	Welsh people	Cymreig	Welsh (e.g. things, customs etc.)

actor, actores	actor, actress	perfformiwr, perfformwraig	performer
awdur	author	gwleidydd	politician
canwr, cantores	singer	pêl-droediwr	footballer
digrifwr, digrifwraig	comedian, comedienne	chwaraewr snwcer	snooker player
dyn/dynes busnes	business man/woman	pencampwr, pencampwyr	champion,-s

canu	(to) sing
actio	(to) act
perfformio	(to) perform
chwarae snwcer	(to) play snooker
chwarae rygbi	(to) play rugby
cynllunio	(to) design

B Talking about a famous Welsh person

Q Adapt these patterns to speak about another famous Welsh person.

Mae Catherine Zeta Jones yn actores.	Catherine Zeta Jones is an actress.
Mae hi'n actio mewn ffilmiau fel ...	She acts in films like ...
Mae hi'n hardd iawn.	She is very beautiful.
Mae hi'n dod o Abertawe ond mae hi'n byw yn Hollywood nawr.	She comes from Swansea but she lives in Hollywood now.
Michael Douglas ydy ei gŵr hi.	Her husband is Michael Douglas.
Roedd hi'n actio yn *Darling Buds of May* ar y teledu.	She used to act in Darling Buds of May on the television.

C The world of work

Mae bwyd Cymru yn enwog dros y byd.	Welsh food is famous all over the world.
Mae'r bwyd yn ardderchog/naturiol.	The food is excellent/natural.
Mae dillad Laura Ashley yn enwog dros y byd.	Laura Ashley clothes are famous all over the world.
Mae cwmni Sain yn gwneud cryno ddisgiau, fideos a DVDs.	Sain produces CDs, videos and DVDs.
Mae cartwnau Cymraeg yn enwog, e.e. ...	Welsh cartoons are famous, e.g. ...

Wales.com

Remember
Use ei if referring to a single item.
Use eu if referring to several items.

h Grammar – cael + *pronoun* + verb

Mae cig Cymru**'n cael ei werthu** yn Ewrop.	*Welsh meat is sold in Europe.*
Mae bwyd Cymru**'n cael ei werthu** yn America.	*Welsh food is sold in America.*
Mae dillad Laura Ashley **yn cael eu gwerthu** mewn llawer o leoedd.	*Laura Ashley clothes are sold in lots of places.*

D The language and culture world-wide

Mae'r grŵp pop ... yn canu dros y byd.	*The pop group ... sings all over the world.*
Mae (4) aelod yn y grŵp.	*There are (4) members in the group.*
Maen nhw'n dod o ...	*They come from ...*
Mae Eisteddfod Llangollen yn enwog iawn.	*The Llangollen Eisteddfod is very famous.*
Mae pobl yn dod o bob man i'r eisteddfod.	*People come from everywhere to the eisteddfod.*
Maen nhw'n canu ac yn dawnsio.	*They sing and dance.*
Mae pobl yn dysgu Cymraeg yn Awstralia.	*People learn Welsh in Australia.*
Mae cymdeithas Gymraeg yn America.	*There's a Welsh society in America.*
Mae rhai pobl ym Mhatagonia yn siarad Cymraeg.	*Some people in Patagonia speak Welsh.*

E Sport

Q Use some of these examples to talk about a Welsh sports personality.

Mae Cymru'n enwog am chwarae rygbi.	*Wales is famous for playing rugby.*
Mae tîm pêl-droed Cymru yn (eitha da/dda iawn).	*The Welsh football team is (quite good/very good).*
Mae ... yn chwarae (snwcer) yn dda.	*... plays (snooker) well.*
Enillodd e ...	*He won ...*
Mae ... wedi chwarae yn ...	*... has played in ...*
Mae e/hi wedi ennill Pencampwriaeth y Byd.	*He/she has won the World Championship.*

PRACTICE

Write five different facts about 'Wales and the world'.

h Write eight different facts about 'Wales and the world'.

Wales.com

THE BARE BONES

➤ Make sure that you can talk or write about famous Welsh people, e.g. actors, etc.

➤ Make sure that you can give a number of facts about one person in particular.

A Famous Welsh people

READ

1 Read these notes about famous Welsh people. Talk about them using full sentences

SPEAK

**Siaradwch am y Cymry enwog yma.
Talk about these famous Welsh people.**

Pwy: Kathy Gittins

Gwaith: Arlunydd

Byw: Meifod, Powys

arlunydd	–	*artist*
llestri	–	*dishes*
oriel	–	*gallery*

Gwybodaeth ddiddorol:
- paentio lluniau o lestri Cymreig, blodau a'r wlad
- oriel ym Meifod – dangos a gwerthu ei lluniau
- siarad Cymraeg

Pwy: Rhys Ifans

Gwaith: Actor

Dod: Rhuthun

| gyrfa | – *career* |
| drama, dramâu | – *play,-s* |

Gyrfa: Actio yn *Notting Hill* gyda Julia Roberts a Hugh Grant, ac mewn llawer o ffilmiau eraill.
Actio mewn dramâu yn y West End, Llundain

Gwybodaeth ddiddorol:
- siarad Cymraeg
- brawd Rhys, Llŷr, yn actio hefyd

Remember
Before you start to write, plan what you are going to say and how you are going to say it. You will then be able to write more confidently.

2 Think of another famous Welsh person. Make notes about that person.

Pwy: Gwaith/gyrfa:

Beth: Gwybodaeth ddiddorol:

Byw:

**Dwedwch bum peth am Gymro/Gymraes enwog.
Say five things about a famous Welsh person.**

WRITE

3 Now write about that person, using full sentences.

Wales.com

B   Moving to Wales

READ

1 Read about Lloyd Pestell's experiences. Lloyd moved to Wales from Nottingham.

> Mae Cymru yn wlad wahanol iawn i Loegr. Mae pawb yng Nghymru yn llawer mwy caredig na phawb yn Nottingham.
>
> Nawr, rydw i'n rhan o'r bywyd Cymreig. Mae'r pethau sy'n bwysig i mi i gyd yn **ymwneud** â'r Gymraeg. Mae gen i ffrindiau sy'n Gymry a does dim angen iddyn nhw siarad Saesneg gyda fi, achos rydw i'n rhugl yn y Gymraeg. Rydw i'n canu mewn corau. Rydw i **cystal â** Bryn Terfel ei hun!
>
> Rŵan, ar ôl pedair blynedd a hanner, pan fydd pobl yn gofyn i mi os Cymro neu Sais ydw i, rydw i'n ateb – CYMRO!
>
> (addasiad o Fy Nghymru i, *iaw!*, Tachwedd 2002)

Vocabulary

ymwneud â –
associated with

cystal â – *as good as*

Q. What adjective, or describing word, is used to describe the Welsh people? What does this word mean?

2 Read the following sentences. According to Lloyd's experiences, are they true or false?

	Cywir ✓	Anghywir ✓
1 Mae Cymru yn debyg i Loegr.		
2 Rhaid i ffrindiau Lloyd siarad Saesneg gyda fe.		
3 Mae Lloyd yn canu mewn côr.		
4 Mae Lloyd yn canu gyda Bryn Terfel.		
5 Dydy Lloyd ddim yn hoffi byw yng Nghymru.		

PRACTICE

Imagine that someone is considering moving to your school. Tell him/her five facts about life in Wales.

Record yourself speaking Welsh. How do you sound? Hesitant or confident? If hesitant, try again but this time try to cut out some of the 'mmms'!

Wales.com

A What has Cardiff to offer?

Remember
Choose the examples that are most relevant to you. Underline these and memorise them.

You may have studied some of these aspects in greater detail. If so, revise your classwork thoroughly.

siop,-au	shop,-s	Bae Caerdydd	Cardiff Bay
canolfan,-nau siopa	shopping centre,-s	Stadiwm y Mileniwm	The Millennium Stadium
amgueddfa, amgueddfeydd	museum,-s	Cynulliad Cenedlaethol Cymru	The National Assembly for Wales
gwesty, gwestai	hotel,-s	Neuadd Dewi Sant	St David's Hall
tŷ bwyta, tai bwyta	restaurant,-s	Canolfan Mileniwm Cymru	Wales Millennium Centre
bwyty, bwytai	restaurant,-s	Castell Caerdydd	Cardiff Castle
neuadd,-au	hall,-s	Castell Coch	Castell Coch
sinema, sinemâu	cinema,-s	Amgueddfa Werin Cymru, Sain Ffagan	Museum of Welsh Life, St Fagans
theatr,-au	theatre,-s	Gerddi Sophia	Sophia Gardens
canolfan chwaraeon	sports centre		
gardd, gerddi	garden,-s		

Yng Nghaerdydd ...
  mae castell, canolfannau siopa da
Mae Amgueddfa Werin Cymru yn Sain
    Ffagan ger Caerdydd.
Mae Castell Coch tu allan i Gaerdydd.

In Cardiff ...
  there's a castle, good shopping centres
The Museum of Welsh Life, St Fagans is
    near Cardiff.
Castell Coch is (situated) outside Cardiff.

Q Prepare a sentence about what you think of Cardiff.

B What is there to do?

Mae llawer o bethau diddorol i wneud, e.e.	There are lots of interesting things to do, e.g.
mwynhau gêm yn Stadiwm y Mileniwm	enjoy a match at the Millennium Stadium
mwynhau cyngerdd yn Stadiwm y Mileniwm	enjoy a concert at the Millennium Stadium
mynd i gyngerdd yn Neuadd Dewi Sant	go to a concert at St David's Hall
mynd allan i fwyta (mewn bwyty da)	go for a meal (in a good restaurant)
mynd i'r theatr (i weld drama)	go to the theatre (to see a play)
dysgu am hanes Cymru yn yr amgueddfa	learn about the history of Wales at the museum

Wales.com

C Cardiff – the facts

Mae Caerdydd yn ddinas fawr.	*Cardiff is a large city.*
Caerdydd ydy prifddinas Cymru.	*Cardiff is the capital city of Wales.*
Mae Caerdydd yn ne Cymru – rhwng Casnewydd ac Abertawe.	*Cardiff is in south Wales – between Newport and Swansea.*
Mae Bae Caerdydd yn bwysig iawn.	*Cardiff Bay is very important.*
Yno mae ...	*There is (situated) ...*
Cynulliad Cenedlaethol Cymru	*the National Assembly for Wales*
Canolfan Mileniwm Cymru	*the Wales Millennium Centre*
canolfan newydd yr Urdd	*the new Urdd (residential) centre*
Techniquest	*Techniquest*
Mae (Colin Jackson) yn dod o Gaerdydd.	*(Colin Jackson) comes from Cardiff.*

D (h) The National Assembly for Wales

Dechreuodd Cynulliad Cenedlaethol Cymru yn 1999.	*The National Assembly for Wales began in 1999.*
Y Blaid ... ydy llywodraeth Cymru nawr.	*The ... Party governs Wales at the moment.*
Prif Weinidog Cymru ydy ...	*Wales' First Minister is ...*
Arweinydd y Blaid Lafur ydy ...	*The leader of the Labour Party is ...*
Arweinydd Plaid Cymru ydy...	*The leader of Plaid Cymru is ...*
Arweinydd y Blaid Geidwadol ydy ...	*The leader of the Conservative Party is ...*
Arweinydd y Democratiaid Rhyddfrydol ydy ...	*The leader of the Liberal Democrats is ...*
Mae'r Cynulliad Cenedlaethol yn ...	*The National Assembly ...*
gwneud polisïau ar ...	*forms policies on ...*
rhoi arian i ...	*provides funding for ...*
addysg	*education*
iechyd	*health*
dwristiaeth	*tourism*
ddiwylliant	*culture*
ffyrdd	*roads*
amaeth	*agriculture*
dai	*housing*
ddatblygiad economaidd	*economic development*

PRACTICE

Can you do the following in Welsh?

- Say where Cardiff is.
- Name two important places in Cardiff.
- Tell tourists about two things they can do in Cardiff.
- (h) Give three facts about the National Assembly.

Wales.com

THE BARE BONES
- ➤ Learn the names of some of the important locations in Cardiff.
- ➤ Be prepared to talk about what a visitor can do in Cardiff.

A Cardiff – by night

READ

1 Read the following passage taken from *Lingo Newydd*.

> **Beth sy i'w wneud yng Nghaerdydd?**
> **Gyda'r nos**
> - Ydych chi'n mwynhau'r theatr? Ydych chi'n mwynhau dawnsio neu gerddoriaeth? Os ydych chi, Caerdydd ydy'r lle i chi! Mae cyngherddau arbennig yn Neuadd Dewi Sant.
> - Ydych chi'n hoffi bwyd a diod da? Mae llawer o fwytai da yng Nghaerdydd a bwyd o Ffrainc, Yr Eidal, China, India, Sbaen, Japan – a Chymru wrth gwrs.
> - Ydych chi'n hoffi dawnsio? Mae llawer o glybiau yng Nghaerdydd. Mae clybiau mawr fel Evolution a Zeus a rhai cwlt fel PoNaNa a Minsky's. Mae cerddoriaeth a bandiau Cymraeg yng Nghlwb Ifor Bach.
> - Ydych chi'n hoffi'r sinema? Mae llawer o sinemâu yma ac mae llawer o sgrîns yn rhai o'r sinemâu.
>
> *Lingo Newydd, Rhagfyr 2001–Ionawr 2002, tud. 14–15*

Q What would you like to do in Cardiff and why? Say as many sentences in Welsh as possible.

Where should the following people go for a night out in Cardiff?

John: mae e'n hoffi mynd i gyngerdd.
Sioned: mae hi'n hoffi cyrri.
Paul a Simon: maen nhw'n hoffi gwrando ar gerddoriaeth Gymraeg.
John a Cara: maen nhw eisiau mynd i glwb nos.

B A city for tourists

SPEAK

1 Rydych chi'n gweithio yn y Ganolfan Croeso yng Nghaerdydd. Atebwch y cwestiynau yma.

You work in the Tourist Information Centre in Cardiff. Answer these questions.

Q List three other attractions Cardiff has to offer.

> Rydw i eisiau dysgu am hanes Cymru. Ble dylwn i fynd?

> Oes rhywle da i fwyta yma?

> Beth sy'n digwydd yn Stadiwm y Mileniwm?

> Beth sy yn y Bae?

C So you think you know Cardiff

Remember
The following are counted as one letter in Welsh:
ch, dd, ff, ng, ll, ph, rh, th

1 See if you can answer all the clues and complete the crossword.

Ar draws

1 (a **5** a **3** i lawr) Lle da i chwarae rygbi.
4 Mae'n bosibl gweld pobl yn perfformio mewn _ _ _ _ _ _ yn Neuadd Dewi Sant.
6 Mae Caerdydd yn _ _ Cymru – nid yn y gogledd (Cofiwch y treiglad).
7 Mae'r Cynulliad Cenedlaethol yn y _ _ _.
10 Os ydych chi eisiau gweld ffilm dda, rhaid i chi fynd i'r lle yma.
12 Mae gwestai 4 seren a 5 seren yng Nghaerdydd – gwestai _ _ _ _ _ iawn! (Y gair Cymraeg am 'grand')
14 Mae un mawr, coch tu allan i Gaerdydd.

I lawr

2 Mae'n bosibl dysgu am hanes Cymru yma.
3 (ac **1** a **5** ar draws) Lle da i chwarae rygbi.
7 Mae'n bosibl cael bwyd da mewn _ _ _ _ _.
8 Enw prifddinas Cymru
9 Mae'n bosibl clywed _ _ _ _ yn chwarae cerddoriaeth Gymraeg yng Nghlwb Ifor Bach.
11 Nid tref ond _ _ _ _ _ ydy Caerdydd.
13 Y *New Theatre* yn Gymraeg – y Theatr _ _ _ _ _.

PRACTICE

Plan a short telephone conversation to try and persuade a friend to come to Cardiff with you.

You can use words and expressions that you learn in one situation, e.g. holidays in Wales, to talk and write about other situations, e.g. your area, what kind of holiday you like, what you like doing, etc.

Wales.com

A What is it?

Mudiad Cymraeg i blant a phobl ifanc ydy'r Urdd.	The Urdd is a Welsh movement for children and young people.
Lliwiau'r Urdd ydy coch, gwyn a gwyrdd.	The Urdd colours are red, white and green.
Gwyrdd ydy Cymru.	Green is for Wales.
Coch ydy pobl eraill (cyd-ddyn).	Red is for other people (fellow man).
Gwyn ydy Iesu Grist.	White is for Jesus Christ.
Mae'r Urdd yn helpu pobl eraill.	The Urdd helps other people.
Mae Eisteddfod yr Urdd ym mis Mehefin.	The Urdd Eisteddfod is (held) in June.
Mae'r Urdd yn trefnu cystadlaethau chwaraeon.	The Urdd organises sporting competitions.
Mae'r Urdd yn trefnu gwyliau i bobl ifanc.	The Urdd organises holidays for young people.
Mae'r Urdd yn cyhoeddi tri chylchgrawn, *Cip, Bore Da a iaw!*.	The Urdd publishes three magazines, *Cip, Bore Da and iaw!*.
Mae *iaw!* ar gyfer dysgwyr mewn ysgolion uwchradd.	*iaw!* is for Welsh learners in secondary schools.
Mae erthyglau, storïau, cartwnau a llythyrau yn y cylchgrawn.	The magazine contains articles, stories, cartoons and letters.

B The Urdd camps

LLANGRANNOG		GLAN-LLYN	
reidio ceffylau/merlota	(to) ride horses	rafftio dŵr gwyn	(to) go white water rafting
reidio beiciau modur	(to) ride motor bikes		
gwibgartio	(to) go-kart	canŵio	(to) canoe
sgïo	(to) ski	hwylio	(to) sail
llafnrolio	(to) roller blade	nofio	(to) swim
nofio	(to) swim	llafnrolio	(to) roller blade
chwarae gemau	(to) play games	dringo	(to) climb
cerdded	(to) walk	chwarae gemau tîm	(to) play team games
cael amser gwych	(to) have a great time	hwylfyrddio	(to) windsurf
		bowlio deg	(to) go tenpin bowling
		cael amser ffantastig	(to) have a fantastic time

Yn Llangrannog/Glan-llyn mae	In Llangrannog/Glan-llyn there is/are ...
Yn ..., rydych chi'n gallu ...	In ..., you can ...
Mae'n bosibl ... yn ...	It's possible (to) ... in ...
Mae'n llawer o hwyl.	It's great fun.
Mae canolfan gan yr Urdd yng Nghanolfan Mileniwm Cymru ym Mae Caerdydd hefyd.	The Urdd also has a centre in the Wales Millennium Centre in Cardiff Bay

Q. Fill in the gaps (...) in these examples.

C   The Urdd Eisteddfod

cystadlu	*(to) compete*	celf	*art*
canu	*(to) sing*	crefft	*craft*
llefaru/adrodd	*(to) recite*	gwyddoniaeth	*science*
dawnsio disgo	*disco dancing*	ysgrifennu barddoniaeth	*(to) write poetry*
dawnsio gwerin	*folk dancing*	ysgrifennu storïau	*(to) write stories*
cystadleuaeth, cystadlaethau	*competition, -s*		

D   Have you taken part in any of the activities?

Remember
Never use **yn** with **wedi**.

Rydw i wedi bod i Lan-llyn.	*I've been to Glan-llyn.*
Rydw i wedi dawnsio yn Eisteddfod yr Urdd.	*I've danced at the Urdd Eisteddfod.*
Dydw i ddim wedi bod i Langrannog.	*I haven't been to Llangrannog.*
Dydw i ddim wedi cystadlu yn yr Eisteddfod.	*I haven't competed at the Eisteddfod.*
Wyt ti wedi bod i Langrannog?	*Have you been to Llangrannog?*
Ydych chi wedi bod i Langrannog?	*Have you been to Llangrannog?*
Ydw./Nac ydw.	*Yes./No.*

E   How it all began

Dechreuodd yr Urdd yn 1922.	*The Urdd began in 1922.*
Syr Ifan ab Owen Edwards ddechreuodd yr Urdd.	*Sir Ifan ab Owen Edwards started the Urdd.*
Roedd e/o eisiau cadw'r iaith Gymraeg yn fyw.	*He wanted to keep the Welsh language alive.*

PRACTICE

Name three activities you can do at the Urdd camps.

Say three facts about the Urdd.

Wales.com

The Urdd

THE BARE BONES
➤ Make sure that you know about different aspects of the Urdd.
➤ Make sure that you know words and phrases associated with the Urdd.

A Urdd activities

READ

1 Take a look at these posters.

Q Prepare a sentence about what you think of the Urdd.

GŴYL HWYL
Blynyddoedd 3, 4, 5 a 6
Dydd Sadwrn Medi 27
10.00 y bore – 4.00 yr hwyr
Canolfan Hamdden Rhuthun
£8 yn unig

CLWB PÊL-DROED YR URDD

Y Ganolfan Hamdden
bob nos Wener

Disgyblion Uwchradd
5 tan 6 o'r gloch

Blwyddyn 4 — 6
6 tan 7 o'r gloch

£1 yr wythnos

Trip yr Urdd i Sbaen a Barcelona
Awst 8–15
Croeso i ddisgyblion
Blynyddoedd 9 a 10
Pris £259
yn cynnwys
- llety
- brecwast, cinio a swper (bwffe)
- trip i Barcelona
- trip i barc thema Port Aventura
- trip i Water world
- trip i siopa
- trip i Nou Camp – stadiwm pêl-droed Barcelona
- trip i'r stadiwm Olympaidd
- trip i'r traeth
- yswiriant
- disgo bob nos

[gwybodaeth o www.urdd.org]

TRIP Y PASG I OAKWOOD
DYDD LLUN EBRILL 14
£19.50

CROESO I DDISGYBLION
BLWYDDYN 5 A 6

GADAEL: 8.00 Y BORE
DYCHWELYD: 7.30 YR HWYR

gadael – *(to) leave*
dychwelyd – *(to) return*
cynnwys – *(to) include*
llety – *accommodation*
yswiriant – *insurance*

2 Atebwch y cwestiynau yma. *Answer these questions.*

a **Pryd** mae Blwyddyn 5 yn chwarae pêl-droed?
b **Pwy** sy'n mynd i Oakwood?
c **Faint** mae'r gwyliau i Sbaen yn gostio?
d **Pa fath** o fwyd sy yn y pris?

SPEAK

Try to persuade a friend to come to one of these activities.

Grammar – Hoffet ti ...? Hoffech chi ...?

Hoffet ti ddod i Oakwood? *(Would you like to come to Oakwood?)*	Hoffwn, diolch. *(Yes, thank you)* Hoffwn, hoffwn i ddod i Oakwood. *(Yes, I would like to come to Oakwood.)*
Hoffech chi ddod i Oakwood? *(Would you like to come to Oakwood?)*	Na hoffwn, dim diolch. *(No, thank you.)* Na hoffwn, hoffwn i ddim dod, diolch. *(No, I wouldn't like to come, thank you.)*

Wales.com

B A special journey

READ

1 Read Dafydd's account of a special journey to Poland – Gwlad Pwyl.

Ar fore Gorffennaf 19 roedd pawb yn brysur yn paratoi bws mini Glan-llyn i fynd ar daith i Legnica, Gwlad Pwyl. Ar ôl wythnosau o godi arian – dros £6,300 i gyd – roedden ni'n barod i fynd.

Pam?

Roedden ni'n mynd i aros mewn cartref i 67 o blant amddifad. Roedden ni'n mynd i wneud ffrindiau newydd a defnyddio'r £6,300 i helpu'r plant.

Cyn bo hir, roedd y plant yn dysgu Pwyleg i ni – e.e. 'helo', 'nos da', 'diolch'. Dysgon ni i ganu yn Bwyleg hefyd (wel … trio canu ta beth!)

Roedd hi'n daith dda iawn. Wrth i ni adael, roedd llawer o'r criw yn teimlo'n emosiynol iawn.

Ar ôl y daith, dwedodd un o'r criw Cymraeg,

'Diolch i bawb am helpu i godi'r arian. Prynon ni ystafell cyfrifiaduron i'r plant, 5 cyfrifiadur, byrddau, cadeiriau, paent ac ami hugion. Lofyd, byddwn ni'n gallu gwahodd y plant yn ôl i Langrannog neu Lan-llyn.'

Gwlad Pwyl	– *Poland*
plant amddifad	– *orphans*
Pwyleg	– *Polish (language)*
profiad,-au	– *experience,-s*

based on information on www.urdd.org.

2 **Atebwch y cwestiynau yma. Answer these questions.**

a Sut aeth Dafydd i Wlad Pwyl?

b Faint o arian gododd y grŵp?

c Beth wnaeth y grŵp gyda'r arian.

d Beth mae'r grŵp yn mynd i wneud?

e Beth ydych chi'n feddwl o'r daith?

C What about you?

Q Say the sentence aloud and try and add to it, e.g. why, when, what you did or what you would like to do.

Which of these sentences is relevant to you?

> Rydw i wedi bod i Lan-llyn.

> Dydw i ddim wedi bod i Lan-llyn ond hoffwn i fynd.

> Dydw i ddim wedi bod i Lan-llyn a dydw i ddim eisiau mynd.

> Hoffwn i fynd i Lan-llyn neu Langrannog.

If none of these fits, make up your own sentence.

PRACTICE

Beth wyt ti'n feddwl o'r Urdd?

Say what you think and give a reason.

Why not visit the Urdd website to get more information on the Urdd and to see photographs of Urdd activities – www.urdd.org

Remember

Marks are awarded for expression as well as content. Make sure that your spelling is correct.

Wales.com

A S4C

Q Try to fill in the gaps (...) in these examples.

Ar S4C	On S4C
mae rhaglenni Cymraeg, er enghraifft ...	there are Welsh programmes, e.g. ...
mae rhaglenni ar gyfer dysgwyr, er enghraifft ...	there are programmes for learners, e.g. ...
mae rhaglenni ar gyfer plant, er enghraifft ...	there are programmes for children, e.g. ...
mae rhaglenni chwaraeon, er enghraifft ...	there are sports programmes, e.g. ...
Mae'r rhaglenni yma ymlaen ar nos ... am ...	These programmes are [shown] on ... night at ...

Welsh
monday tuesday wednesday iau gwener
IN A WEEK

B S4C – your opinion

Remember
You could use yn enwedig (*especially*) to introduce the name of a programme.

When talking about S4C, you can use a lot of the vocabulary that you learnt when revising television programmes in Unit 2. Go to page 48.

Mae'r rhaglenni ...	The programmes are...
yn dda iawn, yn enwedig ...	very good, especially ...
yn wael iawn, yn enwedig ...	very poor, especially...
yn gyffrous, yn enwedig ...	exciting, especially ....
yn ddiflas, yn enwedig ...	boring, especially ...
Yn fy marn i, mae'r rhaglenni'n wych.	In my opinion, the programmes are great.
Rydw i'n meddwl bod y rhaglenni yn ... achos ...	I think that the programmes are ... because ...
Mae'r rhaglenni Cymraeg yn help gyda dysgu Cymraeg.	The Welsh programmes help with learning Welsh.

C Welsh radio – what's on

BBC
radiocymru

Q What's your favourite radio programme? Say three things about it.

Rydw i'n gwrando ar (Radio 1/radio lleol).	I listen to (Radio 1/local radio).
Rydw i'n mwynhau rhaglenni (cerddoriaeth).	I enjoy (music) programmes.
... ydy fy hoff raglen radio achos ...	... is my favourite radio programme because ...
Mae ... yn dda iawn achos ...	... is/are good because ...
Mae'r rhaglenni yma ymlaen ar nos ... am ...	These programmes are [shown] on .... at ...

Wales.com

D Welsh culture

Mae rhai dyddiau pwysig yng Nghymru, e.e. ...
  Dydd Calan
  Dydd Santes Dwynwen
  Dydd Gŵyl Dewi
	There are some important days in Wales, e.g ....
	  New Year's Day
	  St Dwynwen's Day
	  St David's Day

Mae grwpiau pop (da iawn) yng Nghymru, e.e. ...	*There are (very good) pop groups in Wales, e.g. ...*
Mae'r eisteddfod yn bwysig yng Nghymru. Mae Eisteddfod yr Urdd ym mis Mehefin. Yn yr eisteddfod, mae plant a phobl ifanc yn ...	*The eisteddfod is important in Wales.* *The Urdd Eisteddfod is (held) in June.* *In the eisteddfod, children and young people ...*

Remember
You could talk about a Welsh event that happens in your area.

Mae'r Eisteddfod Genedlaethol yn bwysig. Mae hi ar ddechrau mis Awst. Mae pobl yn cystadlu/mynd i weld dramâu. Mae pobl ifanc yn mwynhau'r gigs a'r disgos.	*The National Eisteddfod is important.* *It is (held) at the beginning of August.* *People compete/go to see plays.* *Young people enjoy the gigs and discos.*

Mae papurau a chylchgronau Cymraeg, e.e. ...
Mae papurau bro yn bwysig.
Maen nhw'n cynnwys
  erthyglau
  llythyrau
  newyddion
  lluniau
  posau
  colofnau garddio/coginio
  cystadleuaeth
Mae cylchgrawn *Lingo newydd* ar gyfer pobl sy'n dysgu Cymraeg.
Mae *Iaw!* ar gyfer disgyblion ysgol sy'n dysgu Cymraeg.
Mae'n bosibl darllen y newyddion yn Gymraeg ar y we.
	There are Welsh papers and magazines, e.g. ...
	Community papers are important.
	They contain
	  articles
	  letters
	  news
	  pictures
	  puzzles
	  gardening/cooking columns
	  a competition
	The magazine Lingo newydd *is for people learning Welsh.*
	Iaw! *is for school pupils learning Welsh.*
	
	It's possible to read news in Welsh on the web.

PRACTICE

Think of a Welsh programme on S4C and answer these questions in Welsh. Write notes about the programme.

Enw: Faint o'r gloch:
Pa fath: Barn:
Noson: Pam:

Using complete sentences, talk about the programme.

Wales.com

Welsh media and culture

THE BARE BONES

➤ Make sure that you can talk about S4C.
➤ Be prepared to talk or write about one programme in particular.
➤ Make sure that you can explain when this programme is on.
➤ Try and learn a number of facts about Welsh culture, especially events held in your area.

A S4C: your opinion

READ

1 Who do you agree with?

Remember
If you talk about a particular television programme, say when it's on – day/night and time. If you want to revise time, go to page 29.

Q Write five facts about S4C.

> Mae S4C yn help gyda dysgu Cymraeg.
>
> Shane

> Mae rhaglenni S4C yn gyffrous iawn.
>
> Beth

> Fy hoff raglenni ar S4C ydy rhaglenni chwaraeon achos maen nhw'n gyffrous iawn.
>
> Liam

Learn one of these statements – the one that suits you best. Add to it by using either **achos** or **er enghraifft**. If none of these statements fits, write a simple statement, add to it and learn it.

B Welsh celebrations

READ

1 Take a look at these notes.

Dydd Dwynwen	Dydd Gŵyl Dewi
Pryd: Ionawr 25	**Pryd:** Mawrth 1
Beth: Diwrnod i gofio am Dwynwen	**Beth:** Diwrnod i gofio am Dewi Sant
Mae pobl yn rhoi cerdyn ac anrheg i'w cariad.	Mae plant ysgol yn gwisgo dillad Cymreig; mae rhai pobl yn gwisgo cenhinen neu gennin Pedr; mae eisteddfodau; mae cyngherddau; mae rhai Cymry yn cael cinio arbennig.

SPEAK

2 Now, using full sentences, explain to someone from outside Wales what happens on St Dwynwen's Day and St David's Day.

Wales.com

C | The news

1 Read the following script for a news bulletin and then do the task that follows.

Rhowch ✓ in y blychau perthnasol i ddangos y lluniau sy'n cyfateb i'r penawdau.
Put a ✓ in the appropriate boxes to show which pictures correspond to the headlines.

1

Cafodd dyn ei arestio ddoe am dorri ffenestri siopau yng nghanolfan siopa Abertawe. Aeth yr heddlu i Stryd y Frenhines am ddau o'r gloch y bore achos bod dyn yn rhedeg o siop i siop yn torri'r ffenestri.

a ☐    b ☐    c ☐

2

Bydd ffatri newydd yn agor yn Wrecsam y flwyddyn nesaf. Bydd y ffatri yn gwneud peiriannau DVD. Bydd gwaith i tua 400 o bobl leol.

a ☐	b ☐	c ☐
Ffatri'n cau yn Wrecsam	**400 o bobl yn colli eu swyddi**	**Swyddi newydd yn Wrecsam**

3

A'r tywydd yfory – glaw yn y gorllewin, tywydd heulog yn y dwyrain.

a ☐   b ☐   c ☐

arestio	–	(to) arrest
ffatri	–	factory
peiriant, peiriannau	–	machine,-s
pobl leol	–	local people

Remember
It is impossible to foresee what news items will crop up but make sure you learn the vocabulary your Welsh teacher has given you.

Remember
Make sure that you can use different tenses of the verb.

Say five things in Welsh about Welsh media and culture.

Try to watch some programmes on S4C. Programmes for Welsh learners will help you to tune into the language. It can be a good way of revising and enjoying yourself at the same time!

Wales.com

You can use the Bitesize video for a variety of purposes – to get useful tips that will help you during the exam, to help with pronunciation, to revise language patterns and vocabulary and also to practise your listening skills. Watch it as often as you can.

Remember
You can jot down the time code in the margin by each activity to help you rewind and fast forward the video.

For each of the activities in this section you'll need to:
- find the relevant part of the video
- read the task that goes with the video
- play the clip through once, listen carefully, and complete as much of the task as possible
- rewind the clip and play it again, filling in any gaps in your answers
- check your answers at the back and make any corrections, then listen a third time to see if you can hear all the answers

A The family

1 In this activity, you are going to listen to Ellie talking about how she gets on with her family.

2 Find the clip on the first programme, the Square Mile, and do this activity.

Mae Ellie'n disgrifio'r teulu. Ydy hi'n dod ymlaen yn dda gyda'r teulu? Llenwch y grid yn Gymraeg.
Ellie describes the family. Does she get on well with the family? Complete the grid in Welsh.

Y teulu	Ydy Ellie a'r person yma'n dod ymlaen yn dda? ✔ neu ✗	Pam?
Sam		
Mam		
Dad		

Q Say three sentences to describe what you do with your family.

B Holidays

Questions usually follow the same order as the information given on the recording. The answer to the last question will not generally be at the beginning of the recording. However, at times, Higher Tier candidates may be asked to draw on information given thoughout the recording.

B

1 Find the clip on the first programme where Gruffudd, Marged, Dafydd and Mati talk about what kind of holiday they like.

Pa fath o wyliau mae Gruffudd, Marged, Dafydd a Mati'n hoffi? Pam? Llenwch y grid yn Gymraeg.

What kind of holiday do Gruffudd, Marged, Dafydd and Mati like and why? Fill in the grid **in Welsh**.

	Pa fath o wyliau?	Pam?
Gruffudd		
Marged		
Dafydd		
Mati		

Remember
During the exam, the recording will be played three times, so don't worry if you don't understand everything the first time.

2 Play the clip where Mati talks about her holiday.

Gwrandewch ar Mati yn siarad am ei gwyliau. Ticiwch y lluniau cywir.
Listen to Mati talking about her holiday. Tick the correct pictures.

Gwyliau yn Sir Benfro

Teithio?

❑ a ❑ b ❑ c ❑ d

Aros?

❑ a ❑ b ❑ c ❑ d

Gwneud?

❑ a ❑ b ❑ c ❑ d

Y tywydd?

❑ a ❑ b ❑ c ❑ d

3 Now play the clip where Gruffudd describes his holiday.

Gwrandewch ar Gruffudd yn disgrifio ei wyliau. Ysgrifennwch G wrth y lluniau cywir.
Listen to Gruffudd talking about his holiday. Write G by the correct pictures.

Wales.com

Listening

Find the clip on the second programme where Gruffudd, Marged and Mati talk about their hobbies.

Llenwch y grid yn Gymraeg.
Fill in the grid in Welsh.

	Gruffudd	Marged	Mati
Beth?			
Ble?			
Gyda pwy?/Efo pwy?			
Pryd?			
Pam?			

Now play that clip again and listen for a second time. Try and fill any gaps.

Listen once again to check your answers.

A What skills do I need?

You are expected to:

1 read the instructions and questions carefully so that you know exactly what you're supposed to do.
2 listen carefully to the recording first time through and do the tasks.
3 listen to the tape a second and third time. Don't waste these opportunities. Even if you have managed to answer most of the questions, check that your answers are correct.

B Extra tips

1 You will have reading time before the tape is played, so use it wisely. Read the questions and look carefully at the grids before you start. This will give you an idea about what you are going to hear.
2 Don't worry if you don't understand every word. Try to understand the gist of what is said.
3 If there is a key word on the tape you don't understand, write down what it sounds like and during the pause try to work out what it is.
4 Take care. Make sure that you tick the right boxes – it would be a pity to throw marks away because of carelessness.
5 If you don't know the answer, go on to the next question. Come back to any missing answers when the recording is played back for a second or third time.

6 Don't leave any question unanswered. Guess. No marks will be deducted if you give a wrong answer, but you could gain a mark with a good guess.
7 The numbers in brackets – [1], [2] – show how many marks are available. To get two marks when there's a [2], you need to write down two or possibly four details.
8 If you see marks awarded for answers as follows, [15] [12 + ✓ = 3], it means that up to 12 marks will be given for correct answers and that up to 3 marks will be given for accurate expression, e.g. spelling, correct grammar. Try to spell correctly at all times and try to make sure that you write correctly, e.g. that you include the proper verb (e.g. **mae**, **roedd**).
9 Concentrate! Don't let your mind wander while you're listening.

C Remember

1 If you change your mind about an answer on a second or third listening, clearly cross out the wrong answer and write your new answer clearly. Do not leave ticks in more than one box.
2 You do not have to answer in full sentences at all times. But if you do, make sure that the sentence patterns are correct, e.g. make sure you include a verb, e.g. **mae**, **roedd** or another verb.
3 Listen to the tone of the speaker's voice. It may give you a clue, e.g. is the person happy, sad, etc.

D Model answers

Gruffudd: sglefrfyrddio; yn y parc; bob penwythnos; gyda ffrindiau/efo ffrindiau; Maen nhw'n cael hwyl. / Mae sglefrfyrddio'n gyffrous.

Marged: carate; yn y ganolfan hamdden; bob nos Fercher; gyda'i chwaer/efo'i chwaer; Mae carate yn llawer o hwyl.

Mati: dawnsio; mewn clwb (arbennig) yng Nghaerdydd; ar nos Wener; Mae hi'n hoffi dysgu pob math o ddawnsio.

Foundation Tier: pair/group discussion

Gyda'ch partner/partneriaid astudiwch y lluniau yma o chwaraeon.
Wedyn, siaradwch am y testun. Rhaid i chi ofyn cwestiynau ac ateb cwestiynau a mynegi eich barn.

Dylech drafod y canlynol fel pâr/grŵp. *(You should discuss the following as a pair/group.)*

i   Y chwaraeon yn y lluniau
    (The sports in the pictures)

ii Y chwaraeon rydych chi'n hoffi. Pam?
    (The sports you like. Why?)

iii Y rhai dydych chi ddim yn hoffi. Pam?
    (The ones you don't like. Why?)

iv Chwaraeon wnaethoch chi yn ddiweddar
    (Sports you took part in recently)

Higher Tier: pair/group discussion

Trafodwch un o'r canlynol, gan fynegi eich barn.

naill ai

GWYLIAU YNG NGHYMRU, gan gyfeirio at y lluniau

neu

MAE'N BWYSIG GWRANDO AR FFRINDIAU BOB AMSER

A What skills do I need?

You are expected to:

1 interact with each other, e.g. talk about the subject, ask each other questions, agree or disagree with other members of the group – giving reasons why.
2 express opinions giving reasons.
3 use at least one different tense. The Foundation Tier test, for example, requires you to use the past tense.

B Extra tips

1 Read the questions carefully and underline exactly what you have to do. If you fail to do one part, you will lose marks.
2 Always speak clearly as your exam will be recorded on tape.
3 Try to speak confidently. If you prepare well before the exam, you should be able to sound confident.
4 If you don't understand something, don't be afraid to say so. You may even impress the examiner if you say something like, *Mae'n ddrwg gen i, dydw i ddim yn deall. Eto, os gwelwch yn dda*, or *Wnewch chi ddweud hynny eto os gwelwch yn dda?* (Will you repeat that please?)

5 Say as much as you can. Try to avoid giving one-word answers.

C Remember

1 All pictures are meant as a springboard – to encourage you to speak about the topic.
2 If you don't recognise the pictures, don't worry! You could turn this to your advantage by asking someone questions about a particular picture, e.g. *Dydw i ddim yn gwybod beth sy yn llun 1. Beth ydy e? Pwy ydy e? Beth mae e'n (ei) wneud?* etc.
3 You will have 10 minutes to prepare for the test. .
   a Think of **what** you are going to say – ideas, opinions, reasons.
   b Think of **how** you are going to say this – vocabulary, language patterns, a different tense.
   c Think of how you are going to **interact** with other members. Prepare at least 3 questions to ask someone else in the group or comments that you can make, e.g. *A ti? Wyt ti'n cytuno? Beth amdanat ti? Beth wyt ti'n feddwl? Rydw i'n cytuno. Dydw i ddim yn cytuno.* etc.

D Model answers

Foundation: pair/group discussion

- Yn y lluniau, mae pobl yn ...
- Ydych chi'n ...?*
- Rydw i'n ... bob dydd Sadwrn.
- John, wyt ti'n ... weithiau?*
- Rydw i wrth fy modd yn ... achos ...
- Wyt ti'n hoffi ...?* Pam?
- Rydw i'n cytuno./Dydw i ddim yn cytuno.
- Ddydd Sadwrn diwetha, es i ... Roedd ...
- Beth amdanat ti?*

> **Remember** to use **chi** if you talk to more than one person or if you're talking to the teacher.

* Notice how this person tries to involve the other members of the group.

Higher: pair/group discussion
It's impossible to list all the patterns you could use. So here are some general pointers:

- Talk about your own experiences, e.g. *roeddwn i'n .../ pan oeddwn i'n ...*
- Try to express ideas and give examples, e.g. *Mae ... Roedd ... Unwaith ... Weithiau .../Rhaid dweud ...*
- You must express opinions, e.g. *Rydw i'n meddwl bod ... Yn fy marn i, mae ... / Rhaid cyfaddef, mae'n well gen i.../gyda fi...*
- Always back up your opinions and arguments. Use **achos**.
- Interact by offering comments and asking questions, e.g. *Rydw i'n cytuno/anghytuno gyda ... achos/Beth ydy dy farn di?/Beth wyt ti'n feddwl? Wyt ti'n cytuno?/Beth amdanat ti?*
- Remember to use **chi** if you talk to more than one person or if you're talking to the teacher.
- Always try to bring in a different tense and different forms of the verb, e.g. the past tense, the future, *hoffwn i* or expressions like *rhaid, mae'n well i ti /mae'n well gen i/gyda fi* etc.

Foundation Tier

Darllenwch y darn. Yna, ticiwch yr atebion cywir.
Read the following passage. Then tick the correct answers.

Siopa

Mae'n gas gen i siopa! Bob dydd Sadwrn, rhaid i fi fynd i siopa. Pam? Achos mae Anna, fy nghariad i, yn siopaholig!

Fel arfer, rydyn ni'n cyfarfod am ddau o'r gloch – tu allan i'r farchnad. Yna, rydyn ni'n cerdded o gwmpas y siopau tan tua hanner awr wedi pedwar. "Wyt ti'n hoffi'r siwmper yma?" "Beth am y trowsus yma?" Grêt! Grêt! Grêt! Ydy, mae Anna wrth ei bodd yn prynu dillad.

Ond dydd Sadwrn diwethaf, dwedais i, "Dw i ddim eisiau siopa am ddillad heddiw! Rhaid i mi chwilio am anrheg pen-blwydd i fy mrawd."

"Iawn," atebodd hi. Aethon ni i'r archfarchnad ac yno ces i fargen – dau DVD am naw punt, pum deg. Dw i wedi newid fy meddwl. Dw i'n hoffi siopa – os ydw i'n cael bargen!

1 Ble maen nhw'n cyfarfod?

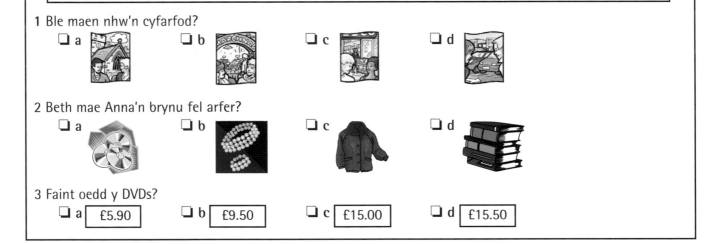

❑ a ❑ b ❑ c ❑ d

2 Beth mae Anna'n brynu fel arfer?

❑ a ❑ b ❑ c ❑ d

3 Faint oedd y DVDs?

❑ a £5.90 ❑ b £9.50 ❑ c £15.00 ❑ d £15.50

Higher Tier

Darllenwch yr erthygl yma am Huw Edwards ac atebwch y cwestiynau **yn Gymraeg**.
Read this passage about Huw Edwards and answer the questions **in Welsh**.

Mae pawb ym Mhrydain yn nabod wyneb Huw Edwards. Fo sy'n darllen newyddion y BBC am ddeg o'r gloch y nos.

Mae Huw wrth ei fodd gyda'i waith. Mae o'n helpu i ysgrifennu'r sgriptiau, yn paratoi'r cyfweliadau, yn helpu i drefnu'r newyddion ac yna mae o'n darllen y newyddion.

Mae dros saith miliwn o bobl yn gwylio. Weithiau, mae pethau rhyfedd yn digwydd. Unwaith, pan oedd Huw yn darllen newyddion chwech o'r gloch, doedd dim trydan yn y stiwdio ac roedd y lle'n dywyll fel bol buwch. "Roedd rhaid i ni adael yr adeilad," meddai Huw.

[based on an article in *iaw!*, Mawrth 2003]

Note: You may be asked to complete a profile rather than answer questions.

1 Beth ydy gwaith Huw?
2 Sut mae Huw yn teimlo am y gwaith?
3 Disgrifiwch un broblem sydd wedi digwydd i Huw pan oedd e'n gweithio.

A What skills do I need?

You are expected to:

1 read the passages and respond according to the instructions.

B Extra tips

1 Make sure that you read the questions carefully and that you know what kind of information you are looking for, e.g. *Pryd?* – time; *Ble?* – a place etc.
2 Don't worry if you don't understand every word in the passage. Try to get the gist of what is said.
3 The numbers in brackets – [1], [2] show how many marks are available. To get two marks when there's a [2], you need to write down two or possibly four details.
4 Marks are sometimes awarded for correct expression. Therefore, make sure that your spelling and sentence patterns are correct.
5 Always read the passage before you read the questions. Then, after you have read the questions, read the passage again (and again if necessary), underlining the answers as you find them.

C Remember

1 Make sure that you tick the correct picture. Don't throw marks away by identifying the correct picture and then carelessly ticking the wrong one.
2 Never leave the exam without answering all the questions. It is better to guess than to leave an empty space on your paper, but don't leave a tick in more than one box.
3 Sometimes, you may feel that the words you don't know are important to the answer. If so, don't panic! Try to work out the meaning, but guess sensibly. Use all the clues that are available to you.
4 If you're not sure of an answer, don't spend ages puzzling over it – leave it and come back to it if there's time at the end of the exam.
5 Try to leave time to go over your answers at the end of the exam to double-check them.

D Model answers

Foundation Tier
1 b; 2 c; 3 b

Higher Tier
1 Mae e'n/o'n darllen newyddion 10 o'r gloch y BBC.

2 Mae e'n/o'n hapus/wrth ei fodd.
3 Unwaith doedd dim trydan. Roedd hi'n dywyll. Roedd rhaid i bawb adael y stiwdio. Doedd dim newyddion.

Writing

Foundation Tier

Mae'r cylchgrawn *iaw!* eisiau gwybod am eich ardal chi.
Ysgrifennwch lythyr **yn Gymraeg**.
iaw!, the Welsh magazine, wants to hear about your area.
Write a letter in **Welsh**.

Dylech chi sôn am/*You should mention*

- pwy ydych chi, eich oed   *who you are and your age*
- ble rydych chi'n byw   *where you live*
- beth sy yn yr ardal   *what there is in the area*
- beth rydych chi'n hoffi am eich ardal   *what you like about your area*
- beth dydych chi ddim yn hoffi am eich ardal   *what you don't like about your area*

Higher Tier

Ysgrifennwch lythyr **yn Gymraeg** i'ch cylchgrawn ysgol yn rhoi barn ar y canlynol.
Write a letter in **Welsh** *for your school magazine giving your opinion on the following statement.**

Does dim digon o raglenni da ar gyfer pobl ifanc ar y teledu.
There aren't enough good programmes for young people on the television.

- Dywedwch ydych chi'n cytuno neu'n anghytuno.
- Rhowch resymau da.

- *Say whether you agree or disagree with the statement.*
- *Give good reasons.*

* You will be given a choice in the exam.

A What skills do I need?

You are expected to:

1 follow the instructions and stick to what you are asked to do.
2 pace yourself so that you are able to answer all the questions in the allocated time.

B Extra tips

1 Make sure that you write clearly.
2 Plan your work – you will then be able to write more confidently and correctly. Cross out the notes at the end.
3 The writing exam is an excellent opportunity to show off what you know. Try to include different tenses, questions, time and place details, opinions, expressions like *mae gen i .../mae ... gyda fi,* *rhaid* etc., but don't be tempted to use an expression that's too difficult!
4 Make sure that you use the proper format when writing letters.
5 After you've finished, check your spellings and grammar. Make sure that you've included a verb in each sentence, e.g. *mae, roedd* or another verb.
6 Make the most of any help there is on the paper, e.g. vocabulary and patterns that are to be found in the actual wording of the question or in the reading passages.

C Remember

1 The examiner has allocated marks for each bullet point, so you must write about each one. When you do a written task, tick off each point as you write about it – then you won't lose marks by missing anything out!

D Model Answers

Foundation Tier

6 Ffordd y Mynydd
Rhuthun
Ebrill 11

Annwyl *iaw!*

John Smith ydy fy enw i ac rydw i'n un deg chwech oed.

Rydw i'n byw yn Rhuthun, Sir Ddinbych, 20 milltir o Wrecsam ac 18 milltir o'r Rhyl. Mae hi'n hyfryd iawn yma.

Yn Rhuthun mae llawer o siopau, llyfrgell, canolfan hamdden, ysgolion, tri banc, capeli ac eglwys. Mae theatr yma hefyd – Theatr John Ambrose, ac rydw i wedi perfformio yno yn y band.

Rydw i'n hoffi byw yma yn fawr achos mae fy ffrindiau i'n byw yma ac rydyn ni'n cael llawer o hwyl. Rydyn ni'n cyfarfod yn y dre ar nos Wener.

Yn anffodus, does dim sinema yma. Hoffwn i gael sinema yma achos rydw i wrth fy modd yn gwylio ffilmiau.

Hwyl fawr

John Smith

Higher Tier

1 Agreeing with the statement

- Rydw i'n ysgrifennu i sôn am y rhaglenni ar y teledu.
- Mae llawer o raglenni ar gyfer hen bobl ar y teledu, er enghraifft ..., ond does dim digon o raglenni ar gyfer pobl ifanc.
- Mae angen mwy o raglenni am .../rhaglenni cerddoriaeth/rhaglenni cyffrous ...
- Mae gormod o raglenni chwaraeon/sioeau cwis ar y teledu. Mae'n gas gen i'r rhaglenni yma – mae'n well gen i raglenni fel ...
- Mae rhai pobl ifanc yn hoffi operâu sebon ond yn fy marn i ... Neithiwr gwelais i ... ac roedd y stori'n ofnadwy.

2 Disagreeing with the statement

- Rydw i'n ysgrifennu i sôn am y rhaglenni ar y teledu.
- Rhaid i fi ddweud bod llawer o raglenni da iawn ar gyfer pobl ifanc, er enghraifft ...
- Rydw i'n meddwl bod llawer o bethau da/gwych/ ardderchog/cyffrous ar gyfer pobl ifanc, er enghraifft ...
- Mae ... yn dda iawn achos ...
- Neithiwr, gwelais i raglen ardderchog. Ar y rhaglen roedd ...
- Felly, mae digon o raglenni ar gyfer pobl ifanc.

Exam instructions

The actual wording of exam questions may vary from year to year. However, this list contains the **type** of question you could be asked.

The listening exam – instructions on the exam paper

Gwrandewch ar (Andy a Mark yn siarad), yna rhowch ✓ yn y blychau perthnasol.
Listen to (Andy and Mark talking), then place a ✓ in the appropriate boxes.

Gwrandewch ar (y sgwrs ffôn), yna rhowch ✓ wrth y lluniau sy'n cyfateb i beth glywsoch chi yn y sgwrs.
Listen to (the telephone conversation), then put a ✓ by the pictures that correspond to what you heard in the conversation.

Mae Caffi'r Dre wedi ffonio'r ysgol ac wedi gadael neges ar y peiriant ateb. Gwrandewch ar y peiriant ateb, yna llenwch y grid **yn Gymraeg** gyda'r wybodaeth berthnasol.
*Caffi'r Dre has phoned the school and has left a message on the answer phone. Listen to the answer phone, then complete the grid **in Welsh** with the relevant information.*

h Gwrandewch ar (Hywel) yn holi (Tanni Grey-Thompson), yna atebwch y cwestiynau **yn Gymraeg**.
*Listen to (Hywel) interviewing (Tanni Grey-Thompson), then answer the questions **in Welsh**.*

h Gwrandewch ar benawdau'r newyddion yn cael eu darllen yn Gymraeg. Rhowch ✓ yn y blychau perthnasol i ddangos y lluniau sy'n cyfateb i'r penawdau.
Listen to the news headlines being read in Welsh. Put a ✓ in the appropriate boxes to show the pictures that correspond to the headlines.

Llenwch y grid **yn Gymraeg** gyda'r wybodaeth berthnasol.
*Complete the grid **in Welsh** with the relevant information.*

The listening exam – recorded instructions

Astudiwch y lluniau ar dudalen (4) yn eich llyfr ateb am (yr ysgol).
Nawr, gwrandewch ar (Mark ac Andrew) yn siarad am (yr ysgol) ac yna ticiwch y lluniau perthnasol.
Study the pictures on page (4) in your answer book about (the school).
Now, listen to (Mark and Andrew) talking about (the school), then tick the appropriate pictures.

Astudiwch y grid ar dudalen (6) am (Gaffi'r Dre). Nawr, gwrandewch ar y neges, ac ysgrifennwch yr wybodaeth berthnasol yn y grid.
Study the grid on page (6) about (Caffi'r Dre). Now, listen to the message and write the relevant information in the grid.

h Astudiwch y lluniau ar dudalen (13). Gwrandewch ar benawdau'r newyddion yn cael eu darllen yn Gymraeg. Ticiwch y lluniau sy'n cyfateb i'r penawdau.
Study the pictures on page (13). Listen to the news headlines being read in Welsh. Tick the pictures that correspond to the headlines.

h Edrychwch ar y cwestiynau ar dudalen (14) am gyfweliad (Hywel) gyda (Tanni Grey-Thompson). Nawr, gwrandewch ar y cyfweliad ac atebwch y cwestiynau.
Look at the questions on page (14) about Hywel's interview with Tanni Grey-Thompson. Now, listen to the interview and answer the questions.

The speaking exam

Gyda'ch partner/partneriaid, astudiwch y lluniau yma o (grwpiau pop). Wedyn, siaradwch am y testun. Rhaid i chi ofyn ac ateb cwestiynau a mynegi eich barn.
With your partner/s, study these pictures of (pop groups). Then talk about the subject. You must ask and answer questions and express your opinion.
Dylech drafod y canlynol fel pâr/grŵp. *(You should discuss the following as a pair/group.)*
  (i)   Y (bobl) yn y lluniau. *(The (people) in the pictures.)*
  (ii) Y (grwpiau) rydych chi'n hoffi. *(The (groups) you like.)*
  (iii) Y (grwpiau) dydych chi ddim yn hoffi. *(The (groups) you do not like.)*
  (iv) Grŵp neu ganwr glywoch chi yn ddiweddar. *(A group/singer you heard recently.)*

ℎ Trafodwch un o'r canlynol gan fynegi eich barn ...
Discuss one of the following, expressing your opinion ...

   Dylech fel pâr/grŵp:
   As a pair/group, you should:
     (i)   drafod y gosodiad/lluniau/fideo gan gytuno/anghytuno. Cofiwch roi rhesymau;
           discuss the statement/pictures/video. Remember to agree or disagree and give reasons;
     (ii) sôn am bethau o'ch profiad chi i gefnogi eich safbwynt;
           refer to your own experiences to support your point of view;
     (iii) dod i gasgliad.
           come to a conclusion.

The reading and writing exam

Darllenwch y ... ac yna ticiwch yr atebion cywir/llenwch y grid **yn Gymraeg.**
*Read the ... and then tick the correct answers/fill in the grid **in Welsh.***

Darllenwch yr (e-bost) yma ac yna llenwch y grid **yn Gymraeg.**
*Read this (e-mail) then fill in the grid **in Welsh.***

Darllenwch y cyfweliad yma gyda (Ioan Gruffudd) ac yna llenwch y proffil **yn Gymraeg.**
*Read this interview with (Ioan Gruffudd) and then complete the profile **in Welsh.***

ℎ Darllenwch y (llythyrau) yma am (wyliau arbennig), ac yna gwnewch y tasgau sy'n dilyn **yn Gymraeg.**
*Read these (letters) about (a special holiday) and then complete the tasks that follow **in Welsh.***

Soniwch am ... / *Refer to ...*

Ysgrifennwch am ... / *Write about ...*

Ysgrifennwch (lythyr/ddyddiadur) am ... / *Write (a letter/diary) about ...*

Darllenwch y ddau hunan-bortread yma ac yna gwnewch y tasgau sy'n dilyn **yn Gymraeg.**
*Read these two self-portraits and then complete the tasks that follow **in Welsh.***

Ysgrifennwch sgwrs **yn Gymraeg.** / *Write a conversation **in Welsh.***

ℎ Darllenwch y ddwy (erthygl) yma. Yna gwnewch y tasgau sy'n dilyn **yn Gymraeg.**
*Read these two (articles). Then complete the tasks that follow **in Welsh.***

Topic checker

- Go through these questions after you've revised a group of topics, putting a tick if you know the answer and a cross if you don't – you can check your answers on the page references given.

- Try these questions again the next time you revise ... until you've got a column that's all ticks! Then you'll know you can be confident.

The Square Mile

Me and my world

Can you give your name, address and age?	(p. 8)	☐ ☐ ☐
Can you count in Welsh?	(p. 8)	☐ ☐ ☐
Can you name the twelve months of the year?	(p. 8)	☐ ☐ ☐
Can you give the date of your birthday?	(p. 8)	☐ ☐ ☐
Can you name three special occasions in the year?	(p. 9)	☐ ☐ ☐
Can you say three things about what you usually do on your birthday?	(p. 10)	☐ ☐ ☐

My family

Can you name four male and four female family members?	(p. 12)	☐ ☐ ☐
Can you describe your family?	(p. 12)	☐ ☐ ☐
Can you say three sentences to describe what kind of person a family member is?	(p. 12)	☐ ☐ ☐
Can you say two sentences to describe how you get on with two different family members?	(p. 13)	☐ ☐ ☐
Can you talk about a recent family event?	(p. 13)	☐ ☐ ☐

Family holidays

Can you describe what kind of holiday you like?	(p. 16)	☐ ☐ ☐
Can you say that you went to Paris on holiday last year?	(p. 17)	☐ ☐ ☐

The Square Mile (continued)

Can you say that you went by train?	(p. 17)	☐ ☐ ☐
Can you say that you went for a week?	(p. 17)	☐ ☐ ☐
Can you say that you went to the seaside?	(p. 17)	☐ ☐ ☐
Can you say that the weather was good/bad?	(p. 17)	☐ ☐ ☐
Can you name two things that you did on your holiday?	(p. 17)	☐ ☐ ☐
Can you say where you **would** like to go on holiday?	(p. 19)	☐ ☐ ☐
Can you say what you **would** like to do there?	(p. 19)	☐ ☐ ☐

House and home

Can you say that your house is in the country/in a town/by the seaside?	(p. 20)	☐ ☐ ☐
Can you say what sort of house you live in?	(p. 20)	☐ ☐ ☐
Can you name five rooms in the house?	(p. 20)	☐ ☐ ☐
Can you name ten items of furniture?	(p. 21)	☐ ☐ ☐
Can you describe some of these items?	(p. 21)	☐ ☐ ☐
Can you describe your bedroom?	(p. 21)	☐ ☐ ☐
Can you describe what's outside the house, e.g. garden, garage?	(p. 21)	☐ ☐ ☐

The area

Can you name five shops in the area?	(pp. 24 and 56)	☐ ☐ ☐
Can you name five other important places in the area?	(p. 24)	☐ ☐ ☐
Can you think of two good things about your area?	(p. 24)	☐ ☐ ☐
Can you think of two bad things about your area?	(p. 24)	☐ ☐ ☐
Can you say what you think of your area?	(pp. 24-25)	☐ ☐ ☐
Can you give a reason for your opinion?	(p. 25)	☐ ☐ ☐
Can you say two sentences to explain how you would like to change the area?	(p. 25)	☐ ☐ ☐
Can you give examples of where you can see Welsh signs in your area?	(p. 25)	☐ ☐ ☐
Can you give examples of where you can speak Welsh in your area?	(p. 25)	☐ ☐ ☐

The Square Mile (continued)

The school				
Can you name ten school subjects?	(p. 28)	☐	☐	☐
Can you say which is your favourite subject and why?	(p. 28)	☐	☐	☐
Can you say which is your least favourite subject and why?	(p. 28)	☐	☐	☐
Can you name the days of the week?	(p. 29)	☐	☐	☐
Can you say 'at nine o'clock'?	(p. 29)	☐	☐	☐
Can you say 'at half past twelve'?	(p. 29)	☐	☐	☐
Can you say 'at a quarter to four'?	(p. 29)	☐	☐	☐
Can you give four sentences about your daily routine?	(p. 29)	☐	☐	☐
Can you name five items of school uniform?	(p. 29)	☐	☐	☐
Can you say three sentences about the school uniform?	(p. 29)	☐	☐	☐
Can you name the colours?	(p. 29)	☐	☐	☐
Can you list four of your school rules?	(p. 68)	☐	☐	☐
Can you express an opinion about school rules and give a reason?	(p. 68)	☐	☐	☐

Leisure

Interests and hobbies				
Can you name six (non-sporting) hobbies?	(p. 32)	☐	☐	☐
Can you say that you enjoy doing something very much?	(p. 32)	☐	☐	☐
Can you say that you love doing something?	(p. 32)	☐	☐	☐
Can you give three reasons for enjoying a hobby?	(p. 32)	☐	☐	☐
Can you name the nights of the week?	(p. 33)	☐	☐	☐
Can you say that you went to the cinema on Saturday night?	(p. 33)	☐	☐	☐
Can you say when you started doing your hobby?	(p. 33)	☐	☐	☐

Sports				
Can you name six sports?	(p. 36)	☐	☐	☐
Can you say that you do a particular sport every week?	(p. 36)	☐	☐	☐

Leisure (continued)

Can you say that you like a particular sport ?	(pp. 36-37)	☐	☐	☐
Can you say what sport you dislike?	(pp. 36-37)	☐	☐	☐
Can you say that you hate a particular sport?	(p. 36)	☐	☐	☐
Can you name the four seasons of the year?	(p. 37)	☐	☐	☐
Can you say 'five years ago'?	(p. 37)	☐	☐	☐

Socialising/going out

Can you name five places people enjoy going to?	(p. 40)	☐	☐	☐
Can you say three sentences to describe where you usually go out?	(p. 40)	☐	☐	☐
Can you say that you went for a pizza over the weekend?	(p. 41)	☐	☐	☐
Can you say that you enjoyed yourself?	(p. 41)	☐	☐	☐
Can you ask 'how much does it cost'?	(p. 41)	☐	☐	☐
Can you say 50p?	(p. 41)	☐	☐	☐
Can you say £2.50?	(p. 41)	☐	☐	☐
Can you say £5.75?	(p. 41)	☐	☐	☐
Can you say that you will be going to the disco over the weekend?	(p. 43)	☐	☐	☐
Can you say that you will have a great time?	(p. 43)	☐	☐	☐

Friends

Can you say who your best friend is?	(p. 44)	☐	☐	☐
Can you think of five words to describe your best friend?	(p. 44)	☐	☐	☐
Can you say three sentences about another friend?	(p. 44)	☐	☐	☐
Can you say what kind of person he/she is?	(p. 44)	☐	☐	☐
Can you say three sentences to describe how you get on with your friends?	(p. 45)	☐	☐	☐
Can you say that you went out with your friends over the weekend?	(p. 45)	☐	☐	☐
Can you say that you will meet your friends over the weekend?	(p. 45)	☐	☐	☐
Can you say what you will do?	(p. 45)	☐	☐	☐

Leisure (continued)

The media

Can you say which is your favourite programme and why? (p. 48)		
Can you say when exactly this programme is on the television? (pp. 29 and 33)		
Can you say that you hate a particular programme and why? (p. 48)		
Can you name three different kinds of programmes? (p. 48)		
Can you give five adjectives (describing words) to describe a television programme? (p. 48)		
Can you say that you saw a good programme last week? (pp. 49-50)		
Can you say that it was very good? (pp. 49-50)		
Can you say three sentences in the past about that programme? (pp. 49-50)		
Can you say three sentences about your favourite pop group? (p. 51)		

Technology

Can you say three sentences to describe how you use the computer? (p. 52)		
Can you say two sentences to give your opinion about the computer? (p. 53)		
ⓗ Can you give one good point and one bad point about shopping on the web? (p. 52)		
Can you say two sentences to explain when you use the mobile phone? (p. 53)		

Image

Shops and shopping

Can you name five different kinds of shops? (p. 56)		
Can you say that you enjoy shopping? (p. 56)		
Can you say that you hate shopping? (p. 56)		
Can you say that you prefer small shops to large shops? (p. 56)		
Can you say that something is too expensive? (p. 56)		
Can you say two good things about a shopping centre? (p. 57)		
Can you say two bad things about a shopping centre? (p. 57)		

Image (continued)

Fashion and fashion accessories		☐ ☐ ☐
Can you name six items of clothing?	(p. 60)	☐ ☐ ☐
Can you give six words to describe these?	(p. 60)	☐ ☐ ☐
Can you say two sentences to describe what you like to wear?	(p. 60)	☐ ☐ ☐
ⓗ Can you say whether you think following the fashion is important or not? (p. 61)		☐ ☐ ☐

Keeping fit and healthy

Can you name five different activities which will help someone be fit and healthy?	(p. 64)	☐ ☐ ☐
Can you give three pieces of advice regarding what someone must or should do to keep fit and healthy?	(pp. 64, 67)	☐ ☐ ☐
Can you give three pieces of advice regarding what someone must not or should not do to keep fit and healthy?	(pp. 64, 67)	☐ ☐ ☐
Can you say three sentences to say how you keep healthy?	(p. 64)	☐ ☐ ☐
Can you name five different types of fruit?	(p. 65)	☐ ☐ ☐
Can you name five different vegetables?	(p. 65)	☐ ☐ ☐
Can you say 'enough fruit and vegetables'?	(p. 65)	☐ ☐ ☐
Can you describe what you have for lunch every day?	(p. 65)	☐ ☐ ☐
Can you name five other items of food?	(p. 65)	☐ ☐ ☐

Teenage issues

Can you list four school rules?	(p. 68)	☐ ☐ ☐
Can you say two sentences to express how you feel about these rules?	(p. 68)	☐ ☐ ☐
Can you say two things about smoking?	(p. 69)	☐ ☐ ☐
Can you say that smoking is bad for you?	(p. 69)	☐ ☐ ☐
Can you say 'I think that smoking is stupid'?	(p. 69)	☐ ☐ ☐
Can you say two things about drinking too much?	(p. 69)	☐ ☐ ☐
Can you say two things about taking drugs?	(p. 69)	☐ ☐ ☐

Holidays in Wales

Can you name five things in Wales that are likely to attract tourists?	(p. 72)	☐	☐	☐
Can you add a describing word to these?	(p. 72)	☐	☐	☐
Can you give three sentences to describe what someone can do in Wales?	(p. 72)	☐	☐	☐
Can you say three things to try to persuade someone to come to Wales on holiday?	(p. 73)	☐	☐	☐
Can you ask 'Is there a castle in Llanelli?'?	(p. 73)	☐	☐	☐
Can you ask 'Are there lots of things to do?'?	(p. 73)	☐	☐	☐
Can you give three command forms to advise tourists to do something, e.g. Go and see .../Stay at .../Enjoy the ...?	(p. 74)	☐	☐	☐

Wales and the world

Can you name two famous Welsh people?	(p. 76)	☐	☐	☐
Can you say what these people do?	(p. 76)	☐	☐	☐
Can you say three things about each of these people?	(p. 76)	☐	☐	☐
Can you say that Catherine Zeta Jones is a famous actress?	(p. 76)	☐	☐	☐
Can you say that Welsh food is excellent?	(p. 77)	☐	☐	☐
Can you say three sentences about the Welsh language and culture?	(p. 77)	☐	☐	☐

Cardiff

Can you name five important places in and around Cardiff?	(p. 80)	☐	☐	☐
Can you name five things which tourists can do in Cardiff?	(p. 80)	☐	☐	☐
Can you say 'There are lots of things to do in Cardiff?'	(p. 80)	☐	☐	☐
Can you say two sentences to describe what happens at the Millennium Stadium?	(p. 80)	☐	☐	☐
Can you give three facts about Cardiff?	(pp. 80-81)	☐	☐	☐
🄗 Can you say five things about the National Assembly for Wales?	(p. 81)	☐	☐	☐

The Urdd

Can you give three facts to explain what the Urdd is?	(p. 84)	☐ ☐ ☐
Can you name three things that the Urdd does?	(pp. 84-85)	☐ ☐ ☐
Can you name four things that you can do at Llangrannog?	(p. 84)	☐ ☐ ☐
Can you name four things that you can do at Glan-llyn?	(p. 84)	☐ ☐ ☐
Can you say three things to try to persuade someone to come to Glan-llyn?	(pp. 84-85)	☐ ☐ ☐
Can you name three things associated with the Urdd Eisteddfod?	(p. 85)	☐ ☐ ☐
Can you say 'I've been to Glan-llyn' or 'I haven't been to Glan-llyn'?	(p. 85)	☐ ☐ ☐

Welsh media and culture

Can you name four different types of programmes on S4C?	(pp. 88 and 48)	☐ ☐ ☐
Can you name three programmes on S4C?	(p. 88)	☐ ☐ ☐
Can you say when these programmes are on?	(p. 29)	☐ ☐ ☐
Can you talk about one programme in particular?	(p. 48)	☐ ☐ ☐
Can you say three sentences to give your opinion about S4C?	(p. 88)	☐ ☐ ☐
Can you say three sentences about radio, e.g. local radio/Radio 1?	(p. 88)	☐ ☐ ☐
ⓗ Can you say three sentences about Welsh papers and magazines?	(p. 89)	☐ ☐ ☐
ⓗ Can you say three sentences about the National Eisteddfod?	(p. 89)	☐ ☐ ☐
Can you talk about two Welsh celebrations?	(p. 89)	☐ ☐ ☐

Complete the grammar

- Fill in the gaps as you revise to test your understanding.
- You could photocopy these pages if you wanted to do this more than once.
- You'll also end up with a concise set of notes on key grammar.

Check your answers on page 122.

The – y, yr, 'r

Fill in the blanks with the correct form of '*the*' in Welsh.

y yr 'r	
..... afal ..... haf	before a vowel (a, e, i, o, u, w, y) before words beginning with 'h'
i ..... siop	after a vowel (a, e, i, o, u, w, y)
...... llyfr	everywhere else

Fill in the blanks.

1 Rydw i'n mynd i ...... ysgol ar ...... bws yn ...... bore.

2 Yn ...... ysgol, rydw i'n hoffi ymarfer corff.

3 Rydw i'n cael lifft o ...... ysgol yn ...... prynhawn.

4 Yn ...... tŷ, rydw i'n gwneud fy ngwaith cartref.

5 Yna, rydw i'n gwylio ...... teledu.

6 Mae ...... rhaglenni plant yn dda iawn.

7 Rydyn ni'n bwyta swper yn ...... gegin.

The present tense

Complete the present tense and check on page 122 to see if you're right.

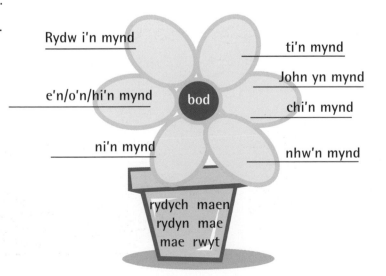

Rydw i'n mynd

ti'n mynd

John yn mynd

e'n/o'n/hi'n mynd   bod   chi'n mynd

ni'n mynd   nhw'n mynd

rydych maen
rydyn mae
mae rwyt

Negative forms

Make these forms negative.

Positive	Negative
1 Rydw i'n mwynhau chwaraeon.	Dydw i ddim yn mwynhau chwaraeon.
2 Rydw i'n cael chwaraeon ar ddydd Gwener.	
3 Mae Mrs Jones yn dysgu hanes.	
4 Mae hi'n neis iawn.	
5 Rydyn ni'n cael Cymraeg bob dydd.	

And – a, ac, a'r

a ac a'r	
hanes ..... ymarfer corff rydw i'n mynd .... mae e'n mynd hefyd.	before a vowel (a, e, i, o, u, w, y) also before **rydw i'n / mae e'n** etc., **roeddwn i'n / roedden nhw'n** etc.
cryno ddisg ..... llyfr	before a consonant
Mae'r ferch ..... bachgen yn chwarae'n dda.	and the

Fill in the blanks.

1 Mae'n gas gen i / Mae'n gas gyda fi Ffrangeg ...... ymarfer corff.

2 Rydw i'n mwynhau Cymraeg ...... Saesneg.

3 Mae'r salad yn y caffi yn dda ...... mae'r *lasagne* yn dda iawn.

4 Rydyn ni'n mynd i'r sinema ...... rydyn ni'n mynd am bizza wedyn.

5 Rydw i'n hoffi chwaraeon .... rydw i'n chwarae bob wythnos.

6 Mae'r tad .... mab yn byw gyda'i gilydd.

How much does it cost?

What are these prices in Welsh?

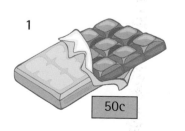

50c

65c

£2.99

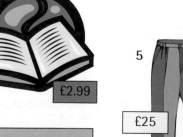

Disco
£1.50

£25

Complete the grammar

Talking about the past

What are the past tense forms of these verbs?

		Past tense				
1	mynd	...es.......... i	e.g.	...Es i..............	i Landudno dros y penwythnos.
2	gweld	 i	e.g.	....	fy ffrindiau yno.
3	prynu	 i	e.g.	....	siwmper newydd.
4	bwyta	 i	e.g.	....	sglodion i ginio.
5	cael	 i	e.g.	....	amser da.

Now, do the same exercise again, but this time talk about more than one person.

		Past tense				
1	mynd	...aethon... ni	e.g.	...Aethon ni...	i Landudno dros y penwythnos.
2	gweld	.... ni	e.g.	....	ein ffrindiau yno.
3	prynu	.... ni	e.g.	....	ddillad newydd.
4	bwyta	.... ni	e.g.	....	sglodion i ginio.
5	cael	.... ni	e.g.	....	amser da.

Irregular forms

The irregular forms are very important. Fill in the gaps.

Dod	Mynd	Cael	Gwneud
...Des....... i	...Es....... i	...Ces....... i	...Gwnes....... i
.... ti	.... ti	.... ti	.... ti
.... e/o/hi	.... e/o/hi	.... e/o/hi	.... e/o/hi
.... ni	.... ni	.... ni	.... ni
.... chi	.... chi	.... chi	.... chi
.... nhw	.... nhw	.... nhw	.... nhw

daeth   daethon   daethoch   dest   daethon

aeth   aethon   aethoch   est   aethon

cawson   cafodd   cawsoch   cest   cawson

gwnest   gwnaethon   gwnaethoch   gwnaeth   gwnaethon

Time expressions in the past

What is the Welsh for these expressions?

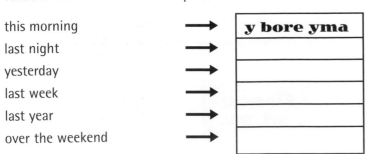

this morning → **y bore yma**

last night →

yesterday →

last week →

last year →

over the weekend →

y llynedd

ddoe   neithiwr

dros y penwythnos

yr wythnos diwethaf

Describing (1)

Adjectives or describing words mutate after **yn**. Write the correct forms in the gaps below.

1 Mae'r rhaglen yn ......ddiddorol........ (diddorol).

2 Mae beicio mynydd yn .... (cyffrous).

3 Mae nofio yn .... (da) i chi.

4 Roedd y parti yn .... (gwych).

5 Roedd y ffilm yn .... (trist).

Words beginning in **ll** and **rh** don't mutate after **yn**. Write the correct forms in the gaps below.

1 Mae'r bws ysgol yn .... llawn.......(llawn) iawn bob dydd.

2 Mae fy ystafell i'n .... (llwyd) a melyn.

3 Roedd y rhaglen yn .... (rhyfedd).   [rhyfedd = *strange*]

Describing (2)

Link an appropriate adjective (describing word) from the first box with a noun in the second box. Do you remember where the adjective generally comes in Welsh?

tŷ	
	llyfr
person	
	trowsus
ci	

mawr	
	da
ifanc	
	hir
caredig	

How many different combinations can you make?

What about these adjectives? Again, link an appropriate adjective (describing word) from the first box with a noun in the second box. But be careful!

hen	
	prif
hoff	
cas	

dyn	athro	athrawes
llyfr	ffordd	cryno ddisg
pwnc	bwyd	diod

Complete the grammar

Time expressions – in the future

What is the Welsh for these expressions?

today	→
this evening/tonight	→
tomorrow	→
next week	→
next month	→
this year	→
next year	→
during the summer	→
over the weekend	→

heddiw

The future tense (bydd)

Change these sentences so that they refer to tomorrow instead of today.

Heddiw	Yfory
1 Mae hi'n braf.	Bydd hi'n braf.
2 Mae hi'n bwrw glaw.	
3 Rydw i'n hapus.	
4 Rydw i'n gwneud fy ngwaith cartref.	
5 Mae fy ffrind eisiau mynd allan.	

Command forms

Fill in the command forms in this advert.

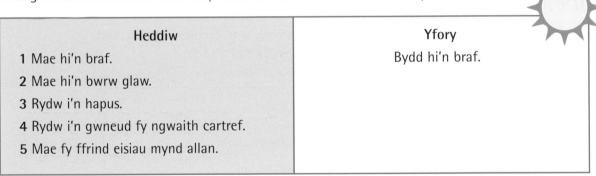

YDYCH CHI EISIAU NOSON ALLAN?

......Dewch..... (dod) i Gino's
Clwb nos newydd yn y dre.

.... (bwyta) ein bwyd Eidalaidd blasus.
.... (yfed) ein gwin Eidalaidd hyfryd.
.... (dawnsio) drwy'r nos.
.... (dod â) ffrindiau.

........................! (dod)
.... ! (mwynhau)

Ar agor bob nos, 6.00–12.00

........................(ffonio) 01998 765 302
am fwy o wybodaeth neu
.... (e-bostio) gino@tybwyta.mml.co.uk

A visit to Glan-llyn

Your friend is going to Glan-llyn for a week. Tell him/her to do the following.

...Pacia... (pacio) siwmper, cot law, esgidiau glaw.

.... (pacio) dy dreinyrs.

.... (cofio) arian.

Yng Nglan-llyn

.... (codi)'n gynnar bob dydd.

.... (gwisgo)'n gyflym.

.... (mynd) am dro wrth y llyn cyn brecwast.

.... (bwyta) yn yr ystafell fwyta.

.... (prynu) anrheg i fi.

.... (dawnsio) yn y disgo yn y nos.

.... (cysgu)'n dda.

The perfect tense – to _have_ done something

Change these sentences to talk about what you **have** done – or what someone else **has** done.

1 Rydw i'n cerdded i'r ysgol y bore yma.

2 Rydw i'n cael mathemateg a Sacsneg heddiw.

3 Mae Mrs Jones yn rhoi llawer o waith cartref i ni.

4 Rydyn ni'n cael prawf mathemateg.

5 Rydw i'n cael marciau da.

6 Mae Siôn, fy ffrind gorau, yn dod i de.

7 Rydyn ni'n cael llawer o hwyl.

Rydw i wedi cerdded i'r ysgol y bore yma.

Yes and No

What are the correct **yes** and **no** answers?

	Yes	No
1 Wyt ti'n mynd allan heno?		
2 Ga' i ddod?		
3 Oes llawer o bobl yn mynd i'r ddawns?		
4 Oedd hi'n braf neithiwr?		
5 Oeddet ti yn y disgo nos Wener?		
6 Fyddi di'n mynd i'r dref ddydd Sadwrn?		

Answers

The square mile

Me and my world (pages 9–10)
Practice

Ionawr 1 – Dydd Calan; Ionawr 25 – Dydd Santes Dwynwen; Mawrth 1 – Dydd Gŵyl Dewi; Hydref 31 – Calan Gaeaf; Tachwedd 5 – Noson Guto Ffowc

B A birthday

1 Mae pen-blwydd Lisa ar Awst 31; **2** Fel arfer, maen nhw'n mynd i'r sinema; **3** Maen nhw'n mynd i fowlio deg ac i gael pizza; **4** Mae pump o ffrindiau'n dod; **5** Mae hi'n hoffi bowlio deg.

The first words

1 b; **2** a; **3** b; **4** a; **5** c

My family (page 14)

A Mark's Family

Q Mae Jac yn un deg naw oed./Mae Jac yn mynd i'r coleg (yn Wrecsam)./Mae Jac yn frawd i Mark. Mae Siân yn un deg tri oed./Mae hi'n mynd i'r ysgol gyfun./Mae hi'n chwaer i Mark.
2 Past tense: aethon ni x 2 (*we went*); nofion ni (*we swam*); **3(i)** b; **3(ii)** a; **3(iii)** b

Family holidays (page 19)

C An ideal holiday

1a Hoffwn i fynd i rywle cynnes lle mae/ble mae traeth hyfryd; **b** Hoffwn i fynd i rywle lle mae/ble mae digon o glybiau; **c** Hoffwn i fynd i rywle lle mae/ble mae digon i wneud.

House and home (pages 22–23)

A My house

1 Mae patio tu allan i dŷ Lois a Dafydd; Mae gardd tu allan i dŷ Lois a Dafydd; Mae cegin fawr yn nhŷ Lois a Dafydd; Mae tair ystafell wely yn nhŷ Lois a Dafydd.
2 Mae tŷ Lois yn newydd. Mae tŷ Dafydd yn hen; Mae tŷ Lois yn y dref. Mae tŷ Dafydd yn y wlad; Mae Lois yn byw mewn tŷ eitha bach. Mae Dafydd yn byw mewn tŷ mawr; Tu allan i dŷ Lois, mae lawnt a garej a patio, ond mae gardd fawr gyda blodau a llysiau tu allan i dŷ Dafydd; Mae un ystafell fyw yn nhŷ Lois ond mae dwy ystafell fyw yn nhŷ Dafydd; Mae un ystafell ymolchi yn nhŷ Lois ond mae dwy ystafell ymolchi yn nhŷ Dafydd.

C Comparing points of view

1 Owen: Mae e'n anghytuno achos mae'n bwysig ailgylchu pethau er mwyn helpu'r amgylchedd. Sioned: Mae hi'n cytuno achos mae gadael bocs glas ar y palmant yn gwneud y palmant yn frwnt ac efallai bydd llygod yn dod.

The area (pages 26–27)

A Opinions about your home area

1 a, c, e
3 dim graffiti a dim sbwriel

B Describing your area

1 c; **2** a; **3** e; **4** b; **5** d

C The local environment

1 Mae David yn byw mewn ardal hyfryd ond dydy Emily ddim yn byw mewn ardal hyfryd; Mae parc yn ardal David ble mae digon o le i blant chwarae ond does dim byd i blant a phobl ifanc yn ardal Emily.

The school (page 30)

A Daily routine

1 c; **2** d; **3** b; **4** a; **5** f; **6** e

B All about school

1 d; **2** a; **3** e; **4** f; **5** b; **6** c

Leisure

Interests and hobbies (page 35)

B Why?

1 b; **2** e; **3** a; **4** f; **5** c; **6** d

C Fill in the gaps

1 gwyliais; **2** nofiais; **3** chwaraeais; **4** gwelais; **5** es; **6** aethon, cawson, dawnsion, est

Sports (page 38)

A Last week's match

Past tense forms: chwaraeon ni (*we played*); collon ni (*we lost*); [roedd hi'n (*it was*)].

B When did you start?

Time expressions: Ddwy flynedd yn ôl (*two years ago*); Bum mlynedd yn ôl (*five years ago*); Bedair blynedd yn ôl (*four years ago*)

Socialising/going out (pages 42–43)
A Advertisements

Q sports: badminton, sboncen, nofio, cadw'n heini, jwdo, tae kwan do, tennis bwrdd, gemau pêl, bowlio deg.

Q prices: yn rhad ac am ddim (*free*); punt (£1.00); cant chwe deg o bunnau (£160); pum punt (£5).

2 1C; 2B; 3A; 4B; 5A; 6C; 7C; 8B

C A postcard

<u>bydda i'n</u> mynd i lan y môr a nos yfory, <u>bydda i'n</u> mynd allan gyda ffrind newydd o'r enw Pete. Dydd Sadwrn, <u>bydd</u> Ceri yn dod i aros yma. Felly, dydd Sul, <u>byddwn</u> ni'n mynd i weld sioe yn y theatr.

Friends (page 47)
B Different kinds of friends

1 Maen nhw'n debyg achos mae'r ddau yn bobl hapus; mae'r ddau yn hoffi pêl-droed; maen nhw'n hoffi Cymraeg.

2 Maen nhw'n wahanol achos mae Huw yn hoffi gwylio pêl-droed ond mae Ben yn hoffi chwarae pêl-droed; mae Ben yn hoffi gwneud chwaraeon ond dydy Huw ddim; mae Huw yn hoffi gwyddoniaeth ond mae Ben yn hoffi chwaraeon.

The media (page 49)
Practice

opeg**gwylio**rhage**drycharm**in**mwynhau**newcas**áu**dre

Image
Shops and shopping (pages 58–59)
A A shopping expedition

1 rhy uchel (*too high*); rhy isel (*too low*); rhy ddrud (*too expensive*); rhy las (*too blue*)

2 Mae'r esgidiau yma'n neis iawn (*These shoes are very nice*); Maen nhw'n rhesymol (*They're reasonably priced*); Maen nhw'n neis iawn (*They're very nice*); Maen nhw'n rhad iawn (*They're very cheap*); Maen nhw'n gyfforddus (*They're comfortable*).

B How much?

60p – chwe deg ceiniog; 75p – saith deg pump ceiniog; £2.99 – dwy bunt naw deg naw; £4.50 – pedair punt pum deg; £6.75 – chwe phunt saith deg pump; £29.50 – dau ddeg naw (punt) pum deg; £99.99 – naw deg naw (punt), naw deg naw

C Internet shopping

1 **Pwyntiau da:** mae'n gyflym; mae'n bosibl prynu llawer o bethau – mae digon o ddewis; mae'n hawdd – does dim rhaid mynd o'ch cartref
Pwyntiau drwg: dydych chi ddim yn gallu gweld beth rydych chi'n brynu; mae rhai pobl yn poeni am golli arian; does gan bawb ddim cyfrifiadur

Fashion and fashion accessories (pages 61–63)
Practice

ba**crys**neu**trowsus**dau**tracwisg**pedwar**sanau**melys esgidiau

drin**melyn**soheniddi**cyffordd**usonol**liwgar**mam**dust

C h The news

1 c; 2 d

Keeping fit and healthy (pages 65–67)
Practice

1 redeg; 2 dal y bws; 3 gerdded mwy; 4 fynd i'r gampfa; 5 bwyta gormod

B Healthy and unhealthy

yn iach: cig gwyn/cyw iâr/twrci, pysgod, afalau, pys, orennau, ffa, tomato
yn afiach: pop, byrger a sglodion, cacen siocled

C What should you do?

1 There are lots of possible answers, e.g. Dylet ti fwyta bwyd iach, Dylet ti fwyta mwy o ffrwythau a llysiau, Dylet ti fwyta llai o siwgr a braster, Dylet ti ymarfer mwy, Dylet ti gerdded mwy, Dylet ti redeg mwy, Dylet ti nofio mwy, Dylet ti fynd i'r gampfa yn fwy aml.

Q am naw o'r gloch/o naw o'r gloch tan un ar ddeg o'r gloch

Teenage issues (pages 70–71)

A School rules

dim ysmygu/peidiwch ag ysmygu; dim ffonau symudol/peidiwch â defnyddio ffonau symudol yn yr ysgol; dim treinyrs/peidiwch â gwisgo treinyrs i'r ysgol; dim gemau/dim clustdlysau/peidiwch â gwisgo gemau/clustdlysau i'r ysgol; dim bwyta fferins/losin yn yr ysgol/ peidiwch â bwyta fferins/losin yn yr ysgol

C Problem, Problem

2 a Mae Sam yn mynd allan ar nos Sadwrn; b Nac ydy; c Mae ffrindiau Sam eisiau i Sam ysmygu ac yfed a dydy hi ddim eisiau ysmygu.
3 a Mae Sam yn meddwl bod ysmygu ac yfed yn dwp; c Mae ffrindiau Sam eisiau iddi hi ysmygu ac yfed alcohol a dydy hi ddim eisiau ysmygu nac yfed alcohol.

Wales.com

Holidays in Wales (pages 73–75)

Practice

1 e; 2 a; 3 d; 4 c; 5b

A Asking questions

c dewch i weld; mwynhewch y sioe; ewch i weld Castell Caerdydd.

B Different holidays

Lucy: Bannau Brycheiniog; Simon: Bannau Brycheiniog; Rhian: Y Rhyl; Huw: Aberystwyth
Q Bannau Brycheiniog – Byddwch yn ofalus! (*Be careful!*)

Wales and the world (pages 78–79)

A Famous Welsh people

Mae Kathy Gittins yn arlunydd/Arlunydd ydy Kathy Gittins. Mae hi'n byw ym Meifod, Powys. Mae hi'n paentio lluniau o lestri Cymreig, blodau a'r wlad. Mae ganddi hi oriel ym Meifod ble mae hi'n dangos a gwerthu ei lluniau./Mae oriel gyda hi ym Meifod ble mae hi'n dangos a gwerthu ei lluniau. Mae hi'n siarad Cymraeg.

Mae Rhys Ifans yn actor./Actor ydy Rhys Ifans. Mae e'n/o'n dod o Ruthun. Mae e/o wedi actio yn y ffilm *Notting Hill* gyda Julia Roberts a Hugh Grant ac mewn ffilmiau eraill. Mae e/o wedi actio mewn dramâu yn y West End yn Llundain. Mae e'n/o'n siarad Cymraeg. Mae brawd Rhys, Llŷr, yn actio hefyd.

B Moving to Wales

Q caredig (*kind*)
1 anghywir; 2 anghywir; 3 cywir; 4 anghywir; 5 anghywir

Cardiff (pages 82–83)

A Cardiff – by night

John: Neuadd Dewi Sant; Sioned: tŷ bwyta (India); Paul a Simon: Clwb Ifor Bach; John a Cara: Evolution/ Zeus/ PoNaNa/ Minsky's

C So you think you know Cardiff?

1 S	T	2 A	D	I	W	3 M		4 C	5 Y	NG	E	R	DD
		M				I							
		G				L							
		U		6 N		E							
7 B	A	E				N				8 C			9 B
W		DD		10 S	I	N	E	M	A	A			A
Y		F		11 D		W				E			N
T		A		I		M			12 C	R	A	13 N	D
Y				N						D		E	
				A						Y		W	
	14 C	A	S	T	E	LL				DD		Y	
												DD	

The Urdd (pages 86–87)

A Urdd activities
a Mae Blwyddyn 5 yn chwarae pêl-droed ar nos Wener, o 6 tan 7 o'r gloch; **b** Mae disgyblion Blwyddyn 5 a 6 yn mynd i Oakwood; **c** Mae'r gwyliau i Sbaen yn costio £259; **d** Yn y pris mae brecwast, cinio a swper.

B A special journey
a Aeth Dafydd ar fws mini/ar fws mini Glan-llyn;

b Codon nhw £6,300; **c** Helpon nhw'r plant amddifad/prynon nhw ystafell cyfrifiaduron, 5 cyfrifiadur, byrddau, cadeiriau, paent ac anrhegion; **d** Maen nhw'n mynd i wahodd y plant i Langrannog neu i Lan-llyn.

Welsh media and culture (page 91)

C The news
1 b; 2 c; 3 b

Listening (pages 92–93)

A The family

Y teulu	Ydy Ellie a'r person yma yn dod ymlaen yn dda? ✔ neu ✗	Pam?
Sam	✗	Mae e'n gallu bod yn boen. Mae e eisiau chwarae pêl-droed drwy'r amser a dydy Ellie ddim eisiau chwarae pêl-droed achos mae hi'n 16 oed.
Mam	✗	Maen nhw'n anghytuno am golur, dillad, gwaith ysgol a helpu o gwmpas y tŷ.
Dad	✔	Maen nhw'n ffrindiau mawr. Dydyn nhw byth yn anghytuno.

B Holidays

	Pa fath o wyliau?	Pam?
Gruffudd	gwyliau ar lan y môr (yn yr haul)	Mae e'n/o'n hoffi ymlacio (gyda ffrindiau) ar lan y môr. Mae e'n/o'n hoffi mynd i'r disgos yn y nos.
Marged	gwyliau mewn dinas	Mae hi'n hoffi ymweld â lleoedd diddorol.
Dafydd	gwyliau yn y wlad	Mae e'n/o'n mwynhau canŵio a rafftio.
Mati	gwyliau sgïo gyda'r ysgol	Maen nhw'n cael llawer o hwyl.

Mati's holiday: a, c, a, a
Gruffudd's holiday: c, a, c, c

Complete the grammar

The – y, yr, 'r (page 112)

yr before a vowel (a, e, i, o, u, w, y) and words beginning with 'h' – yr afal, yr haf

'r after a vowel (a, e, i, o, u, w, y) – i'r siop

y everywhere else – y llyfr

1 Rydw i'n mynd i'r ysgol ar y bws yn y bore.
2 Yn yr ysgol, rydw i'n hoffi ymarfer corff.
3 Rydw i'n cael lifft o'r ysgol yn y prynhawn.
4 Yn y tŷ, rydw i'n gwneud fy ngwaith cartref.
5 Yna, rydw i'n gwylio'r teledu.
6 Mae'r rhaglenni plant yn dda iawn.
7 Rydyn ni'n bwyta swper yn y gegin.

The present tense (page 112)

rydw i'n, rwyt ti'n, mae e'n/o'n/hi'n, mae John, rydyn ni'n, rydych chi'n, maen nhw'n

Negative forms (page 113)

1 Dydw i ddim yn mwynhau chwaraeon.
2 Dydw i ddim yn cael chwaraeon ar ddydd Gwener.
3 Dydy Mrs Jones ddim yn dysgu hanes.
4 Dydy hi ddim yn neis iawn.
5 Dydyn ni ddim yn cael Cymraeg bob dydd.

And – a / ac / a'r (page 113)

ac before a vowel and **rydw i'n / mae e'n** etc., **roeddwn i'n / roedden nhw'n** etc.

hanes **ac** ymarfer corff; rydw i'n mynd **ac** mae e'n mynd hefyd

a before a consonant – cryno ddisg **a** llyfr

a'r and the – mae'r ferch **a'r** bachgen yn chwarae'n dda

1 ac; 2 a; 3 ac; 4 ac; 5 ac; 6 a'r

How much does it cost? (page 113)

1 pum deg ceiniog/ hanner can ceiniog; 2 chwe deg pump ceiniog; 3 punt pum deg; 4 dwy bunt naw deg naw; 5 dau ddeg pum punt/pum punt ar hugain

Talking about the past (page 114)

1 es i; 2 gwelais i/gweles i; 3 prynais i/prynes i; 4 bwytais i/bwytes i; 5 ces i

1 aethon ni; 2 gwelon ni; 3 prynon ni; 4 bwyton ni; 5 cawson ni

h Irregular forms (page 114)

dod: des i; dest ti; daeth e/o/hi; daethon ni; daethoch chi; daethon nhw

mynd: es i; est ti; aeth e/o/hi; aethon ni; aethoch chi; aethon nhw

cael: ces i; cest ti; cafodd e/o/hi; cawson ni; cawsoch chi; cawson nhw

gwneud: gwnes i; gwnest ti; gwnaeth e/o/hi; gwnaethon ni; gwnaethoch chi; gwnaethon nhw

Time expressions in the past (page 114)

y bore yma; neithiwr; ddoe; yr wythnos diwethaf; y llynedd; dros y penwythnos

Describing (1) (page 115)

1 ddiddorol; 2 gyffrous; 3 dda; 4 wych; 5 drist
1 llawn; 2 llwyd; 3 rhyfedd

Describing (2) (page 115)

tŷ mawr; person caredig; trowsus hir; llyfr da, ci ifanc (Other combinations are possible also.)
hen ddyn; prifathro; cas bwnc; hoff lyfr
(Other combinations are possible also.)

Time expressions in the future (page 116)

heddiw; heno; yfory; yr wythnos nesaf; y mis nesaf; eleni; y flwyddyn nesaf; yn ystod yr haf; dros y penwythnos/yn ystod y penwythnos

The future tense (bydd) (page 116)

1 Bydd hi'n braf; 2 Bydd hi'n bwrw glaw; 3 Bydda i'n hapus; 4 Bydda i'n gwneud fy ngwaith cartref; 5 Bydd fy ffrind eisiau mynd allan.

Command forms (page 116)

Bwytwch/Bwytewch; Yfwch; Dawnsiwch; Dewch â; Dewch; Mwynhewch; Ffoniwch; e-bostiwch

A visit to Glan-llyn (page 117)

Pacia; Cofia; Coda; Gwisga; Cer/Dos; Bwyta; Pryna; Dawnsia; Cysga

The perfect tense – to have done something (page 117)

1 Rydw i wedi cerdded i'r ysgol y bore yma.
2 Rydw i wedi cael mathemateg a Saesneg heddiw.
3 Mae Mrs Jones wedi rhoi llawer o waith cartref i ni.
4 Rydyn ni wedi cael prawf mathemateg.
5 Rydw i wedi cael marciau da.
6 Mae Siôn, fy ffrind gorau, wedi dod i de.
7 Rydyn ni wedi cael llawer o hwyl.

Yes and no (page 115)

1 Ydw/Nac ydw; 2 Cei or Cewch/Na chei or Na chewch; 3 Oes/Nac oes; 4 Oedd/Nac oedd; 5 Oeddwn/Nac oeddwn; 6 Bydda/Na fydda

Last-minute learner

- The next six pages give you the key vocabulary across the whole subject in the smallest possible space.
- You can use these pages as a final check.
- You can also use them as you revise as a way to check your learning.
- You can cut them out for quick and easy reference.

Numbers (p. 8)

1	un	21	dau ddeg un	80	wyth deg
2	dau/dwy	22	dau ddeg dau	82	wyth deg dau
3	tri/tair	23	dau ddeg tri	90	naw deg
4	pedwar/pedair	24	dau ddeg pedwar	95	naw deg pump
5	pump	25	dau ddeg pump/pump ar hugain	100	cant
6	chwech	26	dau ddeg chwech	101	cant ac un
7	saith	27	dau ddeg saith	102	cant a dau
8	wyth	28	dau ddeg wyth	103	cant a thri
9	naw	29	dau ddeg naw	104	cant a phedwar
10	deg	30	tri deg	105	cant a phump
11	un deg un/un ar ddeg	31	tri deg un	106	cant a chwech
12	un deg dau/deuddeg	33	tri deg tri	107	cant a saith
13	un deg tri	40	pedwar deg	108	cant ac wyth
14	un deg pedwar	44	pedwar deg pedwar	109	cant a naw
15	un deg pump/pymtheg	50	pum deg/hanner cant	110	cant a deg
16	un deg chwech	56	pum deg chwech	111	cant un deg un
17	un deg saith	60	chwe deg	115	cant un deg pump
18	un deg wyth/deunaw	68	chwe deg wyth	150	cant pum deg
19	un deg naw	70	saith deg	200	dau gant
20	dau ddeg/ugain	77	saith deg saith	1000	mil

1st, 2nd etc. (p. 8)

1st	cyntaf
2nd	ail
3rd	trydydd (fem. trydedd)
4th	pedwerydd (fem. pedwaredd)
5th	pumed
6th	chweched
7th	seithfed
8th	wythfed
9th	nawfed
10th	degfed

Writing letters

Informal letter

- address and date on right-hand (or left-hand)* side:
- *Annwyl* + name
- endings – *Cofion, Cofion cynnes, Cariad, Llawer o gariad, Hwyl*
- you can use *ti* instead of *chi* if addressing one person you're friendly with

Formal letter

- address and date on right-hand (or left-hand)* side
- address of person receiving letter on left-hand side
- *Annwyl ...*
- you could begin with *Rydw i'n ysgrifennu atoch chi i ...*
- ending *Yn gywir, Yr eiddoch yn gywir*
- always use *chi* instead of *ti*

* Follow the format you have been given

The Calendar (pp. 8, 29, 33 and 37)

Days: dydd Llun, dydd Mawrth, dydd Mercher, dydd Iau, dydd Gwener, dydd Sadwrn, dydd Sul

Nights: nos Lun, nos Fawrth, nos Fercher, nos Iau, nos Wener, nos Sadwrn, nos Sul

Months: Ionawr, Chwefror, Mawrth, Ebrill, Mai, Mehefin, Gorffennaf, Awst, Medi, Hydref, Tachwedd, Rhagfyr

Seasons: y gwanwyn, yr haf, yr hydref, y gaeaf

The years: 2005 dwy fil a phump; 2010 – dwy fil a deg; 1999 – un naw naw naw

Greetings and being polite

Bore da, Prynhawn da, Noswaith dda
Sut ydych chi?/Sut wyt ti?/Shwmae?/Sut hwyl?
Da iawn diolch/Iawn diolch/Eitha da/Gweddol

Time (p. 29)

Faint o'r gloch ydy hi?

Mae hi'n un o'r gloch. Mae hi'n ddau o'r gloch. Mae hi'n un ar ddeg o'r gloch. Mae hi'n ddeuddeg o'r gloch. Mae hi'n chwarter wedi pedwar. Mae hi'n hanner awr wedi pedwar. Mae hi'n chwarter i bump. Mae hi'n ugain munud wedi pump. Mae hi'n bum munud ar hugain wedi pump.

Am faint o'r gloch mae ... yn dechrau/yn gorffen?

Am ddeg o'r gloch. Am ddeuddeg o'r gloch. Am chwarter wedi dau. Am hanner awr wedi deg.

y bore (a.m.)   y prynhawn/yr hwyr (p.m.)

Colours

coch ■   gwyrdd ■   gwyn □   melyn ■

brown ■   pinc ■   oren ■   porffor ■

llwyd ■   glas ■   du ■

Gwledydd

Cymru, Lloegr, Yr Alban, Iwerddon, Ffrainc, Llydaw, Yr Almaen, Gwlad Belg, Yr Iseldiroedd, Sbaen, Portiwgal, Yr Eidal, Groeg, Twrci, America, Awstralia.

Section 1: The Square Mile (p. 8)

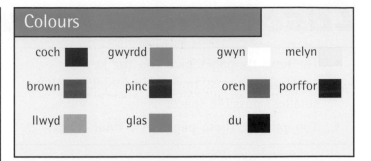

Me and my world

(Jane Smith) ydy fy enw i.
Rydw i'n byw yn (Wrecsam).
Rydw i'n (un deg chwech) oed.
Rydw i'n cael fy mhen-blwydd ar (Ionawr 24).

The family

Mae gen i frawd a chwaer./Mae brawd a chwaer gyda fi.
Does gen i ddim brawd na chwaer./Does dim brawd na chwaer gyda fi.
Mae John, fy mrawd, yn ugain oed/yn ddau ddeg oed.
Dydw i ddim yn hoffi fy chwaer achos mae hi'n boen.
Rydyn ni'n dod ymlaen yn dda fel teulu.
Dydyn ni ddim yn dod ymlaen yn dda o gwbl.
Dydyn ni byth yn anghytuno.
Rydyn ni'n anghytuno (am ddillad/am fechgyn/am ferched/am fynd allan/am waith ysgol).
Mae John (yn ddoniol/yn garedig/yn wirion/yn dwp).
Dydd Sadwrn es i gyda Dad i'r gêm bêl-droed.
Roedd y gêm (yn dda iawn/yn siomedig).

Family holidays

Rydw i'n hoffi gwyliau (gyda'r teulu/gyda ffrindiau).
Rydw i'n mwynhau gwyliau (ar lan y môr/yn y wlad).
Rydw i wrth fy modd yn mynd (i lan y môr/i Gaerdydd) ... achos rydw i'n hoffi (nofio/torheulo/siopa).
Dydw i ddim yn hoffi gwyliau mewn tref achos (mae'n ddiflas/mae'n swnllyd/does dim llawer o bethau i wneud).

Mae'n gas gen i (aros mewn pabell)./Mae'n gas gyda fi (aros gydag Anti Jane).
Dydw i ddim yn mynd ar fy ngwyliau. Rydw i'n aros gartref ac rydw i'n ...

A recent holiday

Y llynedd es i (i Ffrainc gyda fy nheulu).
Teithion ni (ar yr Ewrostar/ar y fferi/mewn awyren).
Roedd Ffrainc (yn ddiddorol/yn boeth/yn hyfryd) iawn.
Gwelon ni (lawer o bethau diddorol, er enghraifft ...).
Arhoson ni mewn (gwesty/gîte/carafán).
Y llynedd, es i ddim ar fy ngwyliau. Arhosais i gartref a ...

An ideal holiday

Hoffwn i fynd i ... achos hoffwn i ....

House and home

Rydw i'n byw/Rydyn ni'n byw (yn Wrecsam, mewn tref/pentref o'r enw ...).
Rydw i'n byw (yn y de/yn y gogledd/yn y gorllewin/ yn y dwyrain).
Rydw i'n byw (yn ne/yng ngogledd/yng ngorllewin/yn nwyrain Cymru).
Rydw i'n byw (ar fferm/mewn byngalo/mewn tŷ newydd/mewn tŷ teras).

Your bedroom

Rydw i'n rhannu ystafell (gyda fy mrawd/fy chwaer).
Dydw i ddim yn rhannu ystafell.
Yn fy ystafell wely i mae (gwely/desg/carped porffor).

The area – plus points

Mae'r ardal (yn hyfryd/yn ddiflas/yn ofnadwy).
Mae (llawer o siopau/parc mawr) yn y dref.
Mae gennyn ni (sinema newydd/ganolfan hamdden fawr).
/Mae (sinema newydd/canolfan hamdden fawr) gyda ni.
Does dim (pwll nofio/sinema/theatr/parc) yma.
Mae'r ardal yn wych achos mae llawer o bethau i wneud
yma, er enghraifft …

The area – minus points

Mae'r ardal yn ddiflas iawn achos (does dim llawer o
bethau i wneud/does dim clwb ieuenctid).
Does dim byd i bobl ifanc yma.
Hoffwn i gael mwy o siopau yma.
h Mae'r ardal yn Gymreig iawn – (mae pobl yn siarad
Cymraeg ar y stryd/mae arwyddion Cymraeg yn y siopau).
h Dydy'r ardal ddim yn Gymreig iawn – (does neb yn
siarad Cymraeg/does dim arwyddion Cymraeg yn y siopau).

School subjects

Rydw i'n hoffi (Cymraeg) achos (mae'n ddiddorol/mae'n
hwyl/mae'r athro'n ddoniol).
Dydw i ddim yn hoffi (Cymraeg) achos (mae'n
ddiflas/mae'r athro'n llym).
(Mathemateg) ydy fy hoff bwnc achos (mae'n
ddefnyddiol/mae'n ddiddorol/mae Mr Jones yn wych).
(Drama) ydy fy nghas bwnc achos (mae'n ddiflas/dydw i
ddim yn hoffi actio/mae'r athro'n ddiflas).

Daily routine

Rydw i'n cyrraedd yr ysgol am chwarter i naw. Rydw i'n
cael (Cymraeg) am chwarter wedi naw.
Rydw i'n cael cinio am hanner awr wedi deuddeg.
Rydw i'n mynd adref am chwarter i bedwar.
Rydw i'n gwneud fy ngwaith cartref tan ddeg o'r gloch.

School uniform

I'r ysgol rydyn ni'n gwisgo (trowsus du/sgert a siwmper
las/siaced ddu).
Rydw i'n hoffi'r wisg ysgol achos (mae'n gyfforddus/mae
pawb yn edrych yn smart/mae'n bwysig gwisgo dillad
cyfforddus).
Mae'n gas gen i'r wisg ysgol achos (mae'n hen
ffasiwn/mae'n ofnadwy/rydw i eisiau bod yn cŵl/rydw i
eisiau bod yn wahanol i bobl eraill).
Mae'n gas gyda fi'r wisg ysgol achos (mae'n hen
ffasiwn/mae'n ofnadwy/rydw i eisiau bod yn cŵl/rydw i
eisiau bod yn wahanol i bobl eraill).
Hoffwn i wisgo (tracwisg/jîns a treinyrs/dillad-bob-dydd).

School rules

Rhaid i ni fod yn yr ysgol erbyn naw o'r gloch.
Rhaid i ni gerdded yn y coridor.
Rhaid i ni beidio ysmygu.
Rhaid i ni beidio defnyddio ffôn symudol.

Section 2: Leisure (p. 32)

Interests and hobbies

Rydw i'n mwynhau (gwylio'r teledu/beicio
mynydd/darllen) achos (rydw i'n hoffi ymlacio/mae'n
hwyl).
Rydw i wrth fy modd yn beicio achos (mae'n hwyl/mae'n
help i ymlacio/rydw i'n hoffi bod tu allan).
Coginio ydy fy hobi i achos (rydw i'n hoffi bwyd).
Rydw i'n mynd i'r ganolfan hamdden (ar nos Wener/bob
dydd Sadwrn).

Talking about the past and future

Es i i'r ganolfan hamdden ddydd Sadwrn diwethaf.
Dechreuais i nofio pan oeddwn i'n bump oed.
Bydda i'n mynd i weld Man U yn chwarae ddydd Sadwrn
nesaf.

Sports – what you enjoy

Rydw i'n chwarae (pêl-droed/hoci/rygbi) bob
wythnos.
Rydw i'n chwarae (i dîm yr ysgol/yn y dref/yn
y parc gyda ffrindiau).
Rydw i wrth fy modd yn chwarae sboncen
achos (mae'n hwyl/rydw i'n ymlacio).
Rydw i'n mynd i'r ganolfan hamdden (bob
nos Wener/ar fore dydd Sadwrn).

Sports – what you don't enjoy

Dydw i ddim yn mwynhau golff achos (mae'n ddiflas/
mae'n araf).
Does gen i ddim diddordeb mewn chwaraeon./Does dim
diddordeb gyda fi mewn chwaraeon.

How to train

Rhaid i fi (ymarfer/loncian) bob dydd.

Socialising/going out

Rydw i'n mynd allan (gyda fy ffrindiau/gyda fy nghariad/efo fy mrawd).
Rydyn ni'n mynd i'r (disgo/ganolfan hamdden) (bob wythnos/bob nos Wener).
Mae'n costio (punt/dwy bunt/tair punt pum deg).

A recent social event

Y penwythnos diwethaf, es i (i gyngerdd gyda fy ffrindiau). Roedd e'n (wych/gyffrous).
Gwelon ni grŵp yn canu. Roedden nhw'n (ffantastig/wych/canu'n dda). Ces i amser gwych.
Y penwythnos nesaf, bydda i'n mynd allan gyda fy ffrindiau. Byddwn ni'n mynd (i siopa yn y dref yn y prynhawn/i ddawnsio yn y disgo/i barti).

Friends

... ydy fy ffrind gorau.
Mae gen i ffrind post yn (Awstralia)./Mae ffrind post gyda fi yn (America).
Ei enw e/o ydy .../Ei henw hi ydy ...
Rydyn ni'n (ysgrifennu/anfon negeseuon e-bost/ffonio) yn aml.
Mae e'n/o'n/hi'n (un deg chwech oed).

What kind of people are your friends?

Mae ganddo fo (wallt melyn a llygaid glas).
Mae e'n/o'n/hi'n berson (caredig/hyfryd/doniol/gweithgar).

How you get on with your friends

Rydyn ni'n dod ymlaen yn dda.
Rydyn ni'n cael llawer o hwyl.
Weithiau rydyn ni'n cweryla.

The media – favourite and least favourite programmes

Rydw i'n hoffi/mwynhau ffilmiau achos (maen nhw'n ddiddorol/maen nhw'n gyffrous/maen nhw'n ddoniol).
Dydw i ddim yn hoffi/mwynhau'r newyddion achos (mae'n ddiflas/mae'n drist).
Rydw i wrth fy modd gyda/efo operâu sebon achos (maen nhw'n realistig/mae'r stori'n dda).
Mae'n gas gen i gartwnau achos/mae'n gas gyda fi gartwnau achos (maen nhw'n blentynnaidd/maen nhw'n wirion/maen nhw'n dwp/dydyn nhw ddim yn real).
... ydy fy hoff raglen i achos ...
... ydy fy nghas raglen i achos ...

A recent programme

Roedd rhaglen ddiddorol ar y teledu neithiwr. Enw'r rhaglen oedd .... (Rhaglen gomedi) oedd hi.
Yn y rhaglen roedd (dyn a merch/creadur mawr/llawer o bobl wirion).

Technology

Ar y cyfrifiadur, rydw i'n (chwarae gêmau/syrffio'r we).
Rydw i'n defnyddio'r cyfrifiadur i (chwilio am wybodaeth/deipio fy ngwaith cartref/ddefnyddio bas data/wneud graffiau a lluniau).

Shopping on the web

Rydw i'n siopa ar y we (weithiau/yn aml). Rydw i'n prynu (llyfrau/dillad/gemau). Mae Mam yn prynu (bwyd/tocynnau/gwyliau).
Dydw i ddim wedi siopa ar y we.
𝙝 Mae siopa ar y we yn gallu bod yn beryglus.
Mae cyfrifiaduron yn (wych/yn ddefnyddiol) achos (maen nhw'n rhoi gwybodaeth i ni).

Mobile phones

Mae gen i ffôn symudol./Mae ffôn symudol gyda fi.
Rydw i'n (siarad â ffrindiau/anfon negeseuon e-destun/ffonio fy mrawd/chwarae gemau).
Mae'n (ddrud/hawdd/gyfleus).
Dydy e/o ddim yn ddrud.

Shopping – good or bad?

Rydw i'n mwynhau siopa gyda (fy ffrindiau/fy chwaer/fy nghariad).

Rydw i'n mwynhau siopa achos (rydw i'n hoffi prynu pethau/rydw i'n hoffi gwario arian).

Fel arfer rydw i'n prynu (dillad/llyfrau/colur/cryno ddisgiau) achos rydw i'n hoffi (bod yn ffasiynol/darllen/gwrando ar gerddoriaeth).

Fel arfer, rydw i'n gwario (dwy bunt/deg punt) (ar lyfrau/ar ddillad/ar golur).

Mae'n gas gen i siopa achos dydw i ddim yn hoffi gwario arian./Mae'n gas gyda fi siopa achos dydw i ddim yn hoffi gwario arian.

Shopping – where to go and where not to go

Rydw i'n hoffi Canolfan Siopa Dewi Sant achos (mae'n lân/mae'n olau/mae digon o le yno).

Does dim llawer o siopau da yn …

Rydw i'n casáu'r ganolfan siopa achos (mae gormod o bobl yno/mae hi'n rhy brysur/swnllyd/mae gormod o sŵn yno/mae popeth yn ddrud iawn/yn rhy ddrud).

Fashion and fashion accessories

Rydw i'n hoffi gwisgo (trowsus glas a siwmper goch).

Mae … yn ffasiynol.

Dydy … ddim yn ffasiynol.

Mae'r ffasiwn yn hyfryd.

Dydw i ddim yn hoffi'r ffasiwn ar hyn o bryd.

Rydw i'n hoffi gwisgo'n smart i fynd allan gyda fy ffrindiau.

Dydw i ddim yn gwisgo'n smart iawn fel arfer.

h Mae bod yn ffasiynol yn bwysig achos …

h Dydy bod yn ffasiynol ddim yn bwysig achos …

Keeping fit and healthy

Mae'n bwysig cadw'n heini.

Rydw i'n cadw'n heini – rydw i'n (cerdded/nofio/rhedeg) bob dydd.

Mae fy nheulu i'n heini iawn – rydyn ni'n (cerdded/nofio/rhedeg).

Dydy fy nheulu i ddim yn heini iawn – dydyn ni ddim yn (cerdded/ymarfer) digon.

Rhaid i ni (gerdded mwy/ymarfer mwy).

Advice

Rhaid i chi/Rhaid i ti gerdded mwy.

Rhaid i chi/Rhaid i ti beidio (â) (bwyta sothach/gwylio'r teledu bob nos/gyrru i bob man).

Teenage issues – Rules, rules, rules

Mae gormod o reolau yn yr ysgol, er enghraifft…

Rhaid i ni (gyrraedd yr ysgol erbyn chwarter i naw/wisgo gwisg ysgol).

Rhaid i ni beidio (ysmygu/gwisgo gemau/defnyddio ffonau symudol).

Smoking, alcohol and drugs

Rydw i'n ysmygu (deg) sigarét y dydd.

Dydw i ddim yn (ysmygu/yfed alcohol/cymryd cyffuriau).

Mae ysmygu (yn wirion/yn lladd/yn beryglus).

Rydw i'n meddwl bod (ysmygu yn ofnadwy/yfed gormod yn wirion).

Mae fy ffrindiau i'n yfed alcohol.

Mae gormod o bobl ifanc (yn ysmygu/yn yfed alcohol/yn cymryd cyffuriau).

Mae (ysmygu/yfed alcohol/cymryd cyffuriau) yn broblem fawr.

Section 4: Wales.com (p. 72)

Holidays in Wales

Yng Nghymru, rydych chi'n gallu (syrffio/dringo/mynd i lan y môr/mynd i leoedd diddorol/gweld pethau diddorol).

Mae (Eryri/Aberystwyth) yn hardd.

Mae ffair fawr yn (Y Rhyl/Ynys y Barri).

Mae traeth da yn (Llangrannog/ym Mro Gŵyr).

Mae (Caerdydd/y trenau bach) yn boblogaidd.

Mae plant a phobl ifanc yn mwynhau (nofio/mynd i lan y môr).

A bit of persuasion

Beth am ddod i Gymru?

Mae Cymru'n (wych/ddiddorol/hardd/hyfryd).

Mae gwyliau yng Nghymru'n (hwyl/gyffrous/ddiddorol/fendigedig).

Dewch i fwynhau'r (traeth/bwyd/wlad).

Ewch i Gaerdydd i weld y castell a'r siopau.

Wales and the world – famous Welsh people

Mae Catherine Zeta Jones yn actio.

Mae hi'n enwog.

Mae hi'n (dda iawn/ardderchog/wych/hardd).

Mae hi'n actio'n dda.

Roedd hi'n actio yn *Darling Buds of May* ar y teledu.

Mae hi wedi actio mewn ffilmiau fel ....

The world of work

Mae bwyd Cymru yn enwog dros y byd.

Mae'r bwyd yn ardderchog/naturiol.

Mae dillad Laura Ashley yn enwog dros y byd.

Mae cwmni Sain yn gwneud cryno ddisgiau, fideos a DVDs.

The language and culture

Mae'r grŵp pop ... yn canu dros y byd.

Maen nhw'n dod o ...

Mae (4) aelod yn y grŵp.

Mae pobl yn dysgu Cymraeg yn America, yn Awstralia, ym Mhatagonia ...

Cardiff – the facts

Mae Caerdydd yn ddinas fawr.

Caerdydd ydy prifddinas Cymru.

Mae Caerdydd yn ne Cymru.

Mae Bae Caerdydd yn bwysig iawn.

Mae Cynulliad Cenedlaethol Cymru yn y Bae.

What has Cardiff to offer?

Yng Nghaerdydd mae (siopau/castell).

Yng Nghaerdydd mae (Neuadd Dewi Sant/Bae Caerdydd).

Mae (Amgueddfa Werin Sain Ffagan/Castell Coch) ger Caerdydd.

Mae llawer o bethau diddorol i wneud, e.e. (mwynhau gêm yn Stadiwm y Mileniwm/mynd i gyngerdd yn Neuadd Dewi Sant).

♪ Cynulliad Cenedlaethol Cymru

Dechreuodd y Cynulliad Cenedlaethol yn 1999.

Y Blaid ... ydy llywodraeth Cymru nawr.

Prif Weinidog Cymru ydy ...

Arweinydd Plaid Cymru/y Blaid Lafur/y Blaid Geidwadol/y Democratiaid Rhyddfrydol ydy...

Mae'r Cynulliad Cenedlaethol yn rhoi arian i addysg, iechyd, twristiaeth, diwylliant, ffyrdd, amaeth, tai, datblygiad economaidd.

The Urdd – what is it?

Mudiad i blant a phobl ifanc ydy'r Urdd.

Lliwiau'r Urdd ydy coch, gwyn a gwyrdd.

The Urdd – what does it do?

Mae'r Urdd yn (helpu pobl eraill/cynnal Eisteddfod bob blwyddyn/cynnal cystadlaethau chwaraeon/trefnu gwyliau i bobl ifanc).

Mae gan yr Urdd dri chylchgrawn, *Cip, Bore Da* a *iaw!.*

Mae tri chylchgrawn gyda'r Urdd, *Cip, Bore Da* a *iaw!.*

The Urdd camps

Yng Nglan-llyn, mae'n bosibl (canŵio/hwylio/nofio/llafnrolio/chwarae gemau tîm/bowlio deg).

Yn Llangrannog, mae'n bosibl (reidio ceffylau/merlota/reidio beiciau modur/gwibgartio/sgïo/llafnrolio/nofio).

Mae Eisteddfod yr Urdd ym mis Mehefin.

Welsh media and culture

Ar S4C/Radio Cymru mae (rhaglenni Cymraeg a Saesneg/rhaglenni ar gyfer dysgwyr/rhaglenni ar gyfer plant/rhaglenni chwaraeon).

S4C – your opinion

Rydw i wrth fy modd yn gwylio'r rhaglenni chwaraeon ar S4C, er enghraifft ...achos ...

Mae ('r newyddion Cymraeg) ymlaen am (ddeg o'r gloch) ar nos (Sul)

Mae'r rhaglenni'n (dda/wael/gyffrous/ddiflas), yn enwedig ...

Rydw i'n meddwl bod y rhaglenni ('n dda/yn ddiflas/yn wych/yn ofnadwy) achos ...

Mae'r rhaglenni Cymraeg yn help gyda dysgu Cymraeg.

Welsh culture

Mae rhai dyddiau pwysig yng Nghymru, e.e. Dydd Calan/Dydd Santes Dwynwen/Dydd Gŵyl Dewi.

Mae grwpiau pop (da iawn) yng Nghymru, e.e. ...

Mae'r eisteddfod yn bwysig yng Nghymru.

Mae Eisteddfod yr Urdd ym mis Mehefin.

Yn yr eisteddfod, mae plant a phobl ifanc yn ...

♪ Mae'r Eisteddfod Genedlaethol ym mis Awst. Mae pobl (yn cystadlu, yn mwynhau cyngherddau a dramâu).

♪ Mae (grwpiau pop da iawn/gwyliau pwysig/cylchgronau Cymraeg da) yng Nghymru.